通常の学級でやさしい学び支援

改訂 読み書きが苦手な子どもへの〈漢字〉支援ワーク

令和６年度版 教科書対応

東京書籍
５年

◇ **読めた！書けた！**漢字って簡単でおもしろい！
◇ 漢字の特徴をとらえた**新しいアプローチ！**
◇ **教科書**の新出漢字が楽しく学習できる**ワークプリント集**

竹田契一 監修　村井敏宏・中尾和人 著

JN225380

明治図書

はじめに

平成十九年から全国の小中学校で一斉に開始された特別支援教育。それは、子どもたち一人ひとりがどこでつまずいているのかをしっかり把握し、その子の学び方に応じて支援をしていくという新しい教育プログラムのスタートでした。中でも読み書きが苦手な子どもたちへどのように支援していくかが大きな課題でもありました。

しかし発達障害が背景にある読み書きが苦手な子どもの場合、単なるケアレスミス、うっかりミスで出来ないのではなく、聴く力では音韻認識の弱さ、見る力では視空間処理の弱さなど大脳機能が関係する中枢神経系の発育のアンバランスが原因であることが多いのが特徴です。この場合、「ゆっくり、繰り返し教える」という学校、家庭で使われている一般的な方法では、その効果に限界がみられます。

この〈漢字〉支援ワークは新しい教科書に合わせた内容になっており、しかも教室で教わる順番に漢字学習ができるようにセットされています。またこのワークは著者の村井敏宏、中尾和人両先生方のことばの教室での長年の経験を通して子どもたちの認知特性に合わせた貴重な指導プログラムの集大成となっています。左記のような「つまずき特性」を持った子どもに対してスモールステップで丁寧に教える〈漢字〉支援のワークシートとなっています。ぜひご活用ください。

1. 読みが苦手で、読みから漢字を思い出しにくい。
2. 形を捉える力が弱く、漢字の形をバランス良く書けない。
3. 「視機能、見る力」が弱く、漢字の細かな形が捉えられない。
4. 多動性・衝動性があるため、漢字をゆっくり丁寧に書くことが苦手。
5. 不注意のために、漢字を正確に覚えられず、形が少し違う漢字を書いてしまう。

漢字が苦手な子どもは、繰り返し書いて練習するだけでは覚えていけません。一人ひとりの特性に応じた練習方法があります。〈漢字〉支援ワークを使ってつまずきに応じた練習をすることにより、自分の弱点の「気づき」につながり、「やる気」を促します。

読み書きが苦手な子どもが最後に「やった、できた」という達成感を得ることが出来ることを願っています。

監修者　竹田契一

もくじ

3学期（教科書　東京書籍5年・212～266ページ）93

似　製　能　証　豊　囲　団　経　幹　慣　検　築　鉱　脈　航　費　績　設　居　厚　暴
許　可　謝　採　評　授　備　舎　演　税　余　素　財　貯　布　告　務

＊本書の構成は、東京書籍株式会社の教科書を参考にしています。
＊教材プリントは、自由にコピーして教室でお使いください。
＊学習者に応じて**Ａ４サイズに拡大**して使用することをおすすめします。

ワークシートの使い方

この本には、『通常の学級でやさしい学び支援3、4巻　読み書きが苦手な子どもへの〈漢字〉支援ワーク』に掲載されている4種類のワークについて、5年生の教科書で教わる193字の漢字すべてを収録しています。

1　かくれたパーツをさがせ

字の一部が隠された漢字を見て、正しい部首やパーツを書き入れるワークです。「『脈・肥』は体に関係しているから『にくづき』」「『月（にくづき）』の形は『肉』からきている」というように、部首の意味や形にも注目して書いていけるように支援してください。思い出しにくい場合には、8ページの「漢字パーツ」表を拡大して見せて、いくつかの中から選ばせることも有効な支援です。

下の文章には、問題の漢字だけでなく、既習の漢字も書き入れるワークになっています。

2　漢字足し算

2～4個の部首やパーツを組み合わせてできる漢字を考えさせるワークです。

部首やパーツの数が多くなると、その配置もいろいろな組み合わせが出てきます。

部首やパーツは筆順通りに並んでいるので、書くときのヒントにしてください。わかりにくい場合には、□を点線で区切って配置のヒントを出してあげてください(左図)。

配置のヒント例

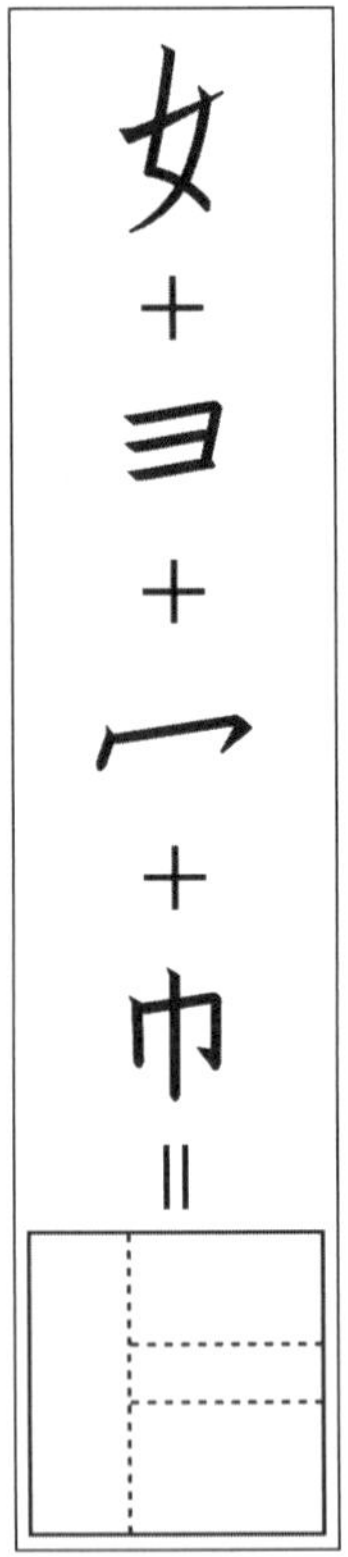

漢字を書いた後に、「『おんなへん』の横に『ヨ』『わかんむり』『はば』で『婦人のフ』」のように式と答えを唱えさせるとよいでしょう。

3 足りないのはどこ（形をよく見て）

部分的に消えている熟語の足りない部分を見つけて、正しく書いていくワークです。（一部、熟語ではないものも含まれています。）

熟語の漢字の両方に足りない部分があります。線の数や細かい部分にも注意させてください。読みの苦手な子どもには、自分で書いた熟語だけを見せて、読みの練習もさせるとよいでしょう。

子どもによっては知らない熟語も含まれています。子どもに意味を説明させたり、どんな風に使われるかの例を示してあげることも語いを増やしていくことにつながります。

熟語として漢字を覚えていくことは、読解の力をつけるとともに、生活に活きることばの学習につながります。

4 漢字を入れよう

文を読み、文脈から漢字を推測して書いていくワークです。

漢字の読み方は文章の流れで決まってきます。そのため、文章を読む力が漢字の読みの力につながってきます。

ワークの左端には、□に入る漢字をヒントとして載せています。はじめはヒントの部分を折って、見ないで書かせましょう。また、漢字が苦手な子にはヒントを見せて選んで書く練習をするなど、子どものつまずきに合わせて使い分けてください。

漢字パーツ　5年生

彳	ぎょうにんべん
犭	けものへん
阝	こざとへん
丬	しょうへん
扌	てへん
忄	りっしんべん
片	かたへん
ネ	しめすへん
月	にくづき
火	ひへん
衤	ころもへん
禾	のぎへん
米	こめへん
耒	すきへん
耳	みみへん
車	くるまへん
角	つのへん
金	かねへん
食	しょくへん
刂	りっとう
干	かん・いちじゅう
寸	すん
巾	はば
斤	おのづくり
文	のぶん・ぼくにょう
殳	るまた
艮	こんづくり
豕	いのこ・ぶた
隹	ふるとり
頁	おおがい
𠆢	ひとやね
罒	あみがしら
勹	つつみがまえ
戈	ほこがまえ
厂	がんだれ
尸	しかばね
广	まだれ
支	しにょう
辶	しんにょう

1 学期

月　日

1

おにぎり石の伝説①

かくれたパーツをさがせ　1

名前

かくれたパーツをさがして、完成させよう。

①
□隺《カク》

□《せいかく》に□《き》き□《と》る。

②
□見《ゲン》

□《げんば》に□《つ》く。

③
亻□《コ》

□《こじんてき》な□《かんけい》。

④
□复《フク》

□《ふくすう》の□《もんだい》。

⑤
□色《ゼツ》

□《ぜったい》に□《か》つ。

⑥
勹□《ク》

□《ごく》の□《いみ》。

東書5年①

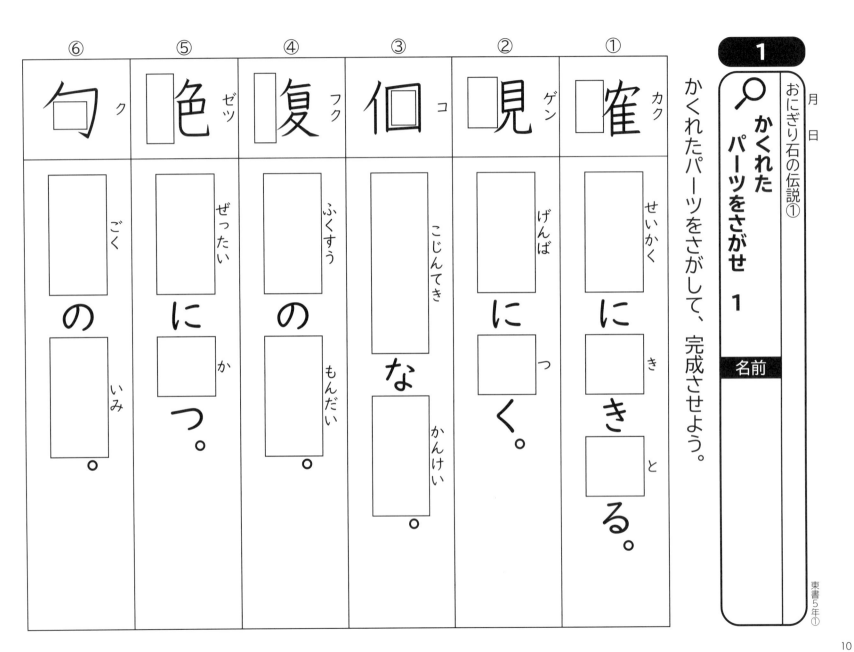

月　日

2　かくれたパーツをさがせ　2

名前

かくれたパーツをさがして、完成させよう。

①	②	③	④	⑤	⑥
□《ゆめ》	□《キュウ》	□《ジョウ》	□《ゾウ》	□《ふ(える)》	□《エキ》
□《たの》しい□《ゆめ》を□《み》る。	□《じきゅうりょく》の□《しょうぶ》。	□《あいじょう》を□《かん》じる。	□《みらい》を□《そうぞう》する。	□《くさばな》が□《ふ》える。	□《りえき》をあげる。

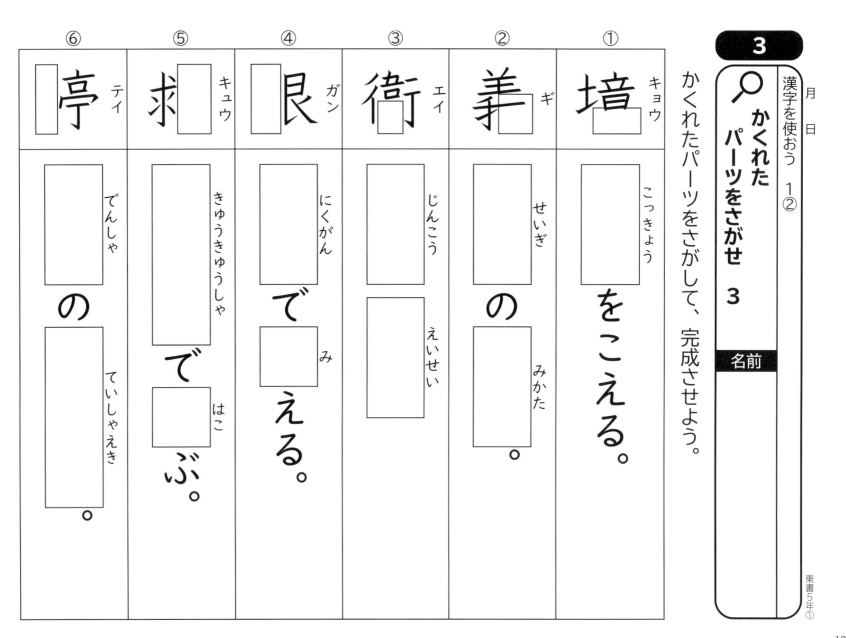

月　日

漢字を使おう 1②

3 かくれたパーツをさがせ 3

名前

かくれたパーツをさがして、完成させよう。

① □《キョウ》
□《こっきょう》をこえる。

② □《ギ》
□《せいぎ》の□《みかた》。

③ □《エイ》
□《じんこう》□《えいせい》

④ □《ガン》
□《にくがん》で□《み》える。

⑤ □《キュウ》
□《きゅうきゅうしゃ》で□《はこ》ぶ。

⑥ □《テイ》
□《でんしゃ》の□《ていしゃえき》。

4

図しょ館へ行こう

月　日

かくれたパーツをさがせ　4

名前

かくれたパーツをさがして、完成させよう。

①

オウ

□《しゅざい》に□《おう》じる。

②

シ

□《しりょう》を□《あつ》める。

③

ザイ

□《じつざい》する□《じんぶつ》。

④

サ

□《けんこう》□《ちょうさ》をする。

⑤

ホウ

□《ほう》こく□《しょ》を□《か》く。

東書5年①

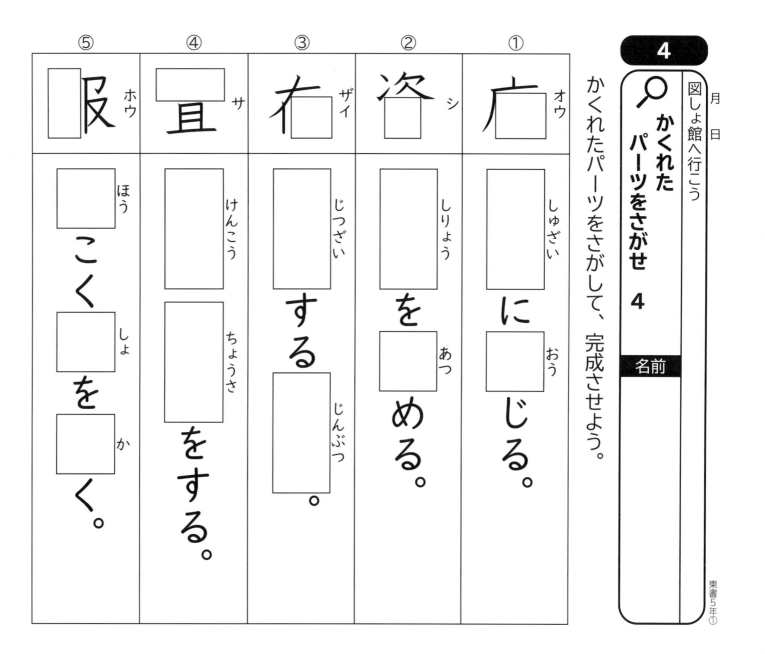

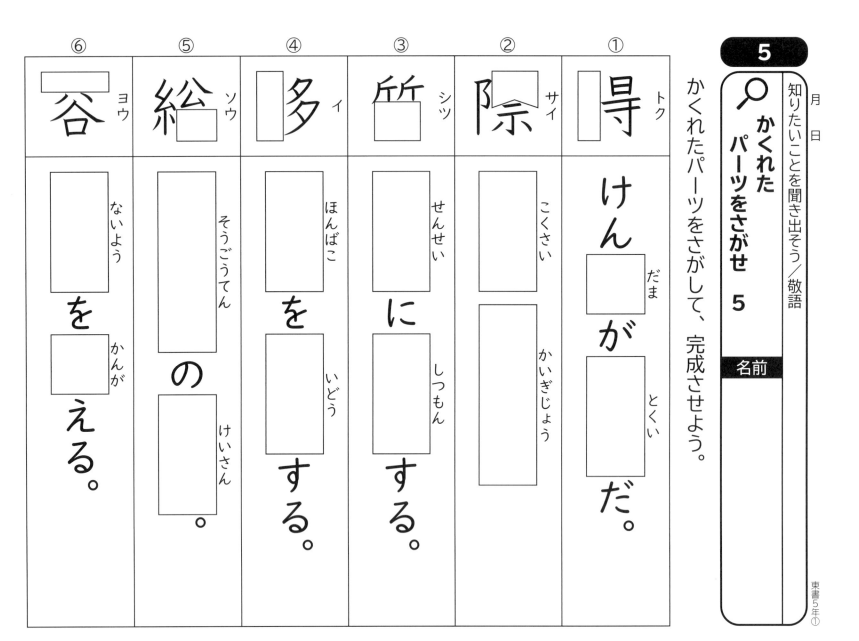

月　日

5

かくれたパーツをさがせ　5

名前

かくれたパーツをさがして、完成させよう。

① □《トク》
けん□《だま》が□《とくい》だ。

② □《サイ》
□《こくさい》□《かいぎじょう》

③ □《シツ》
□《せんせい》に□《しつもん》する。

④ □《イ》
□《ほんばこ》を□《いどう》する。

⑤ □《ソウ》
□《そうごうてん》の□《けいさん》。

⑥ □《ヨウ》
□《ないよう》を□《かんが》える。

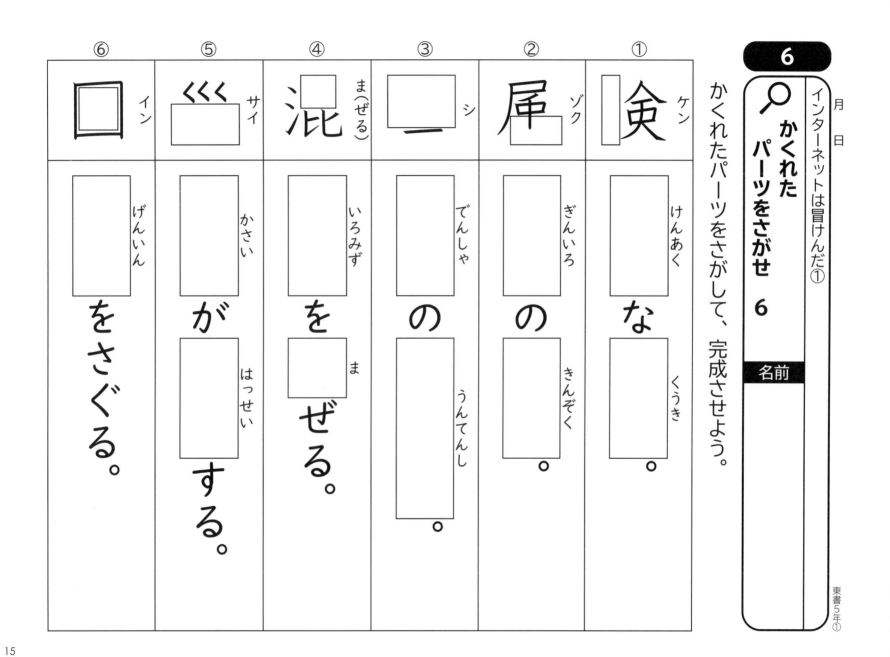

月　日

インターネットは冒けんだ①

6

かくれたパーツをさがせ　6

名前

かくれたパーツをさがして、完成させよう。

①　ケン

□《けんあく》な□《くうき》。

②　ゾク

□《ぎんいろ》の□《きんぞく》。

③　シ

□《でんしゃ》の□《うんてんし》。

④　ま（ぜる）

□《いろみず》を□《ま》ぜる。

⑤　サイ

□《かさい》が□《はっせい》する。

⑥　イン

□《げんいん》をさぐる。

東書5年①

月　日

7

かくれたパーツをさがせ　7

名前

かくれたパーツをさがして、完成させよう。

① キョウ　興

□《きょうみ》□《ぶか》い□《はなし》。

② す(ごす)　過

□《いえ》で□《す》ごす□《ひと》。

③ セイ　生

□《だんせい》と□《じょせい》。

④ コウ　冓

□《こうせい》を□《か》える。

⑤ セツ　妾

□《ちょくせつ》□《あ》う。

⑥ しめ(す)　二

□《ひょう》で□《しめ》す。

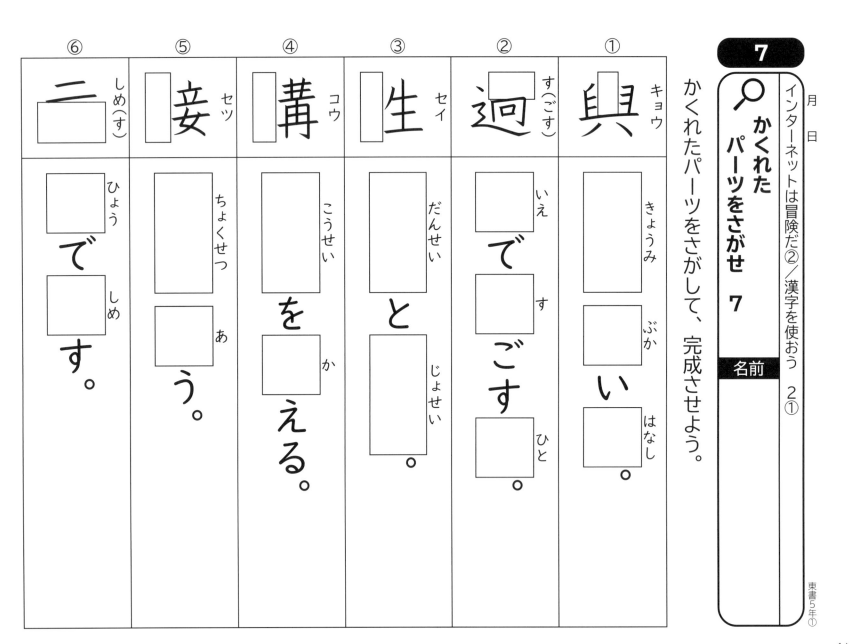

月　日

8 かくれたパーツをさがせ ８

名前

かくれたパーツをさがして、完成させよう。

①	②	③	④	⑤	⑥
林 □《キン》	杂□《ザツ》	□㕘《サン》	□虫《ドク》	□夬《カイ》	□戠《シキ》
□《た》ち□《い》り□《きんし》。	□《にわ》の□《ざっそう》を□《と》る。	□《さんみ》が□《つよ》い。	□《しゅい》を□《どくそう》する。	□《くも》一つない□《かいせい》。	□《ちしき》を□《ふか》める。

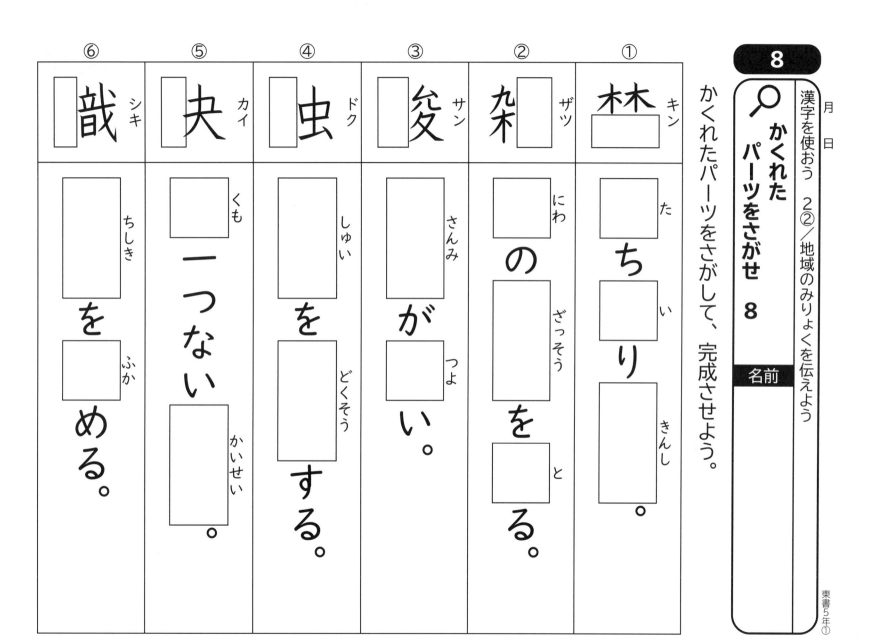

月　日

漢字の成り立ち

9

かくれたパーツをさがせ　9

名前

かくれたパーツをさがして、完成させよう。

①　潔《ケツ》（□）

□《せいけつ》な□《だいどころ》。

②　□比《くら(べる)》

□《だいしょう》を□《くら》べる。

③　□可《カ》

□《ぎんが》

□《てつどう》

④　□青《セイ》

□《せいしん》を□《しゅうちゅう》する。

⑤　□反《ハン》

□《はんが》の□《さくひん》。

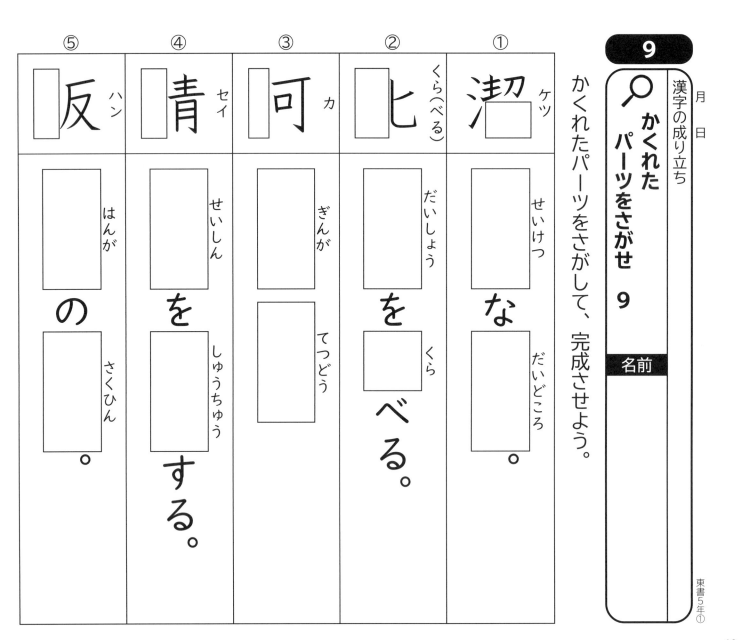

月　日

いにしえの言葉に親しもう

10

かくれたパーツをさがせ 10

名前

かくれたパーツをさがして、完成させよう。

① 埶□ セイ

□《ひと》が□《おおぜい》□《あつ》まる。

② □戠 お(る)

□《おりもの》の□《さんち》。

③ □己 キ

二十一□《せいき》

④ □永 エイ

□《えいえん》に□《つづ》く□《はなし》。

⑤ 士□ シ

□《つよ》い□《いし》を□《も》つ。

東書5年①

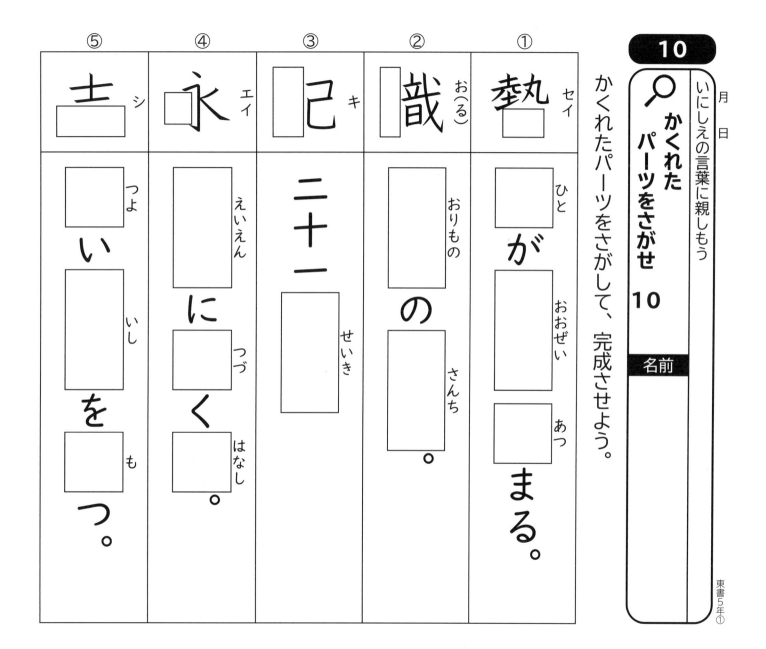

月　日

世界でいちばんやかましい音

かくれたパーツをさがせ 11

名前

かくれたパーツをさがして、完成させよう。

①

歴《レキ》

□《れきだい》の□《しゃちょう》。

②

史《シ》

□《にほんし》の□《べんきょう》。

③

喜《よろこ(ぶ)》

□《か》って□《よろこ》ぶ。

④

賛《サン》

□《さんせい》□《りゆう》を□《い》う。

⑤

職《ショク》

□《や》き□《もの》の□《しょくにん》。

⑥

任《ニン》

□《だいひょう》に□《にんめい》する。

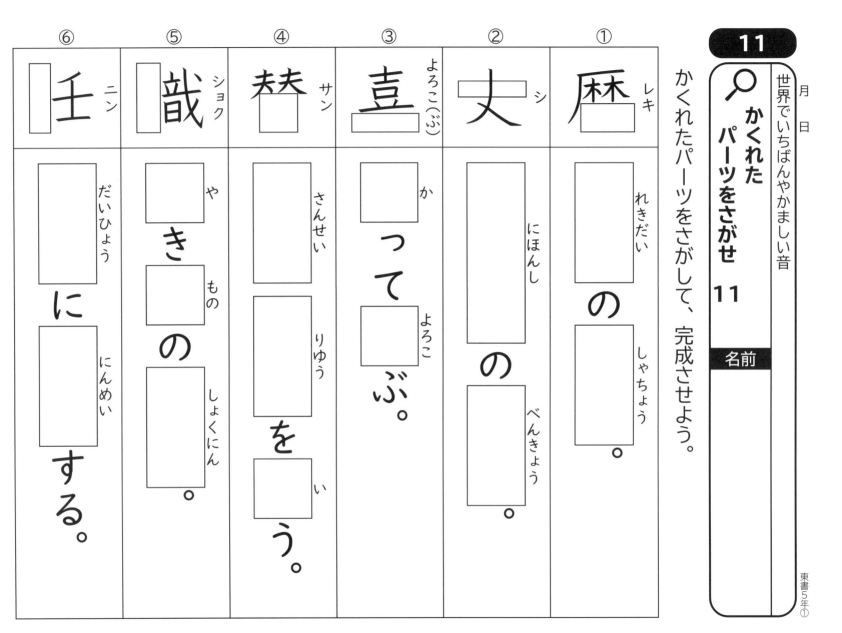

12

漢字を使おう 3

月　日

かくれたパーツをさがせ 12

名前

かくれたパーツをさがして、完成させよう。

① □ム《ほとけ》

② □召《ショウ》

③ 丬□《ジョウ》

④ 禾□《ころ(す)》

⑤ 能□《タイ》

① □《ほとけさま》の□《かお》。

② □《いえ》に□《しょうたい》する。

③ □《いちい》のしょう□《じょう》。

④ □《くすり》で□《むし》を□《ころ》す。

⑤ □《たいど》を□《あらた》める。

東書5年①

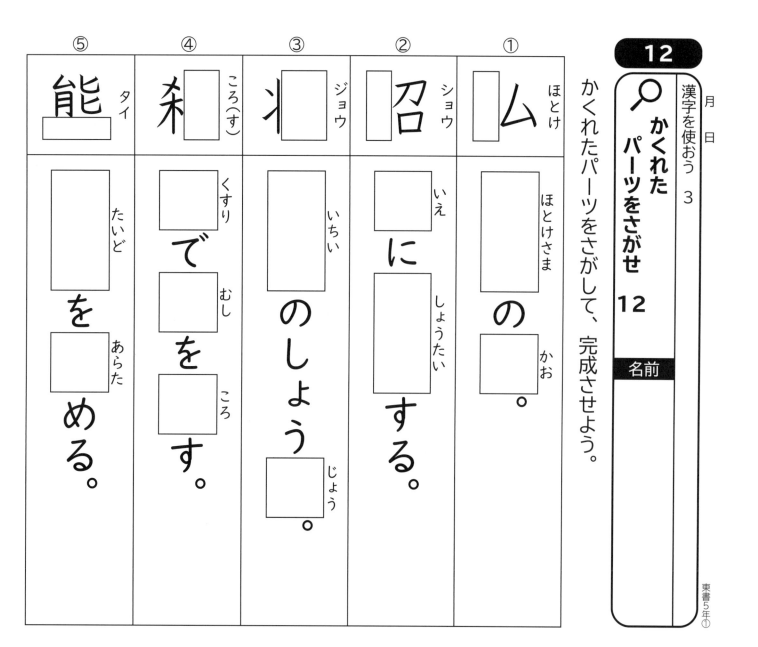

月　日

思考に関わる言葉／新聞記事を読み比べよう①

13

かくれたパーツをさがせ 13

名前

かくれたパーツをさがして、完成させよう。

① □反《カ》

□《かめん》の□《うちがわ》。

② 㫁□《ダン》

□《むだん》で□《がいしゅつ》する。

③ 半□《ハン》

□《やきゅう》のしん□《ぱん》。

④ 涀□《ソク》

□《てんたい》を□《かんそく》する。

⑤ 夂□《ジョウ》

□《がいこく》との□《じょうやく》。

⑥ 尚□《ジョウ》

□《へいじょう》□《どお》り。

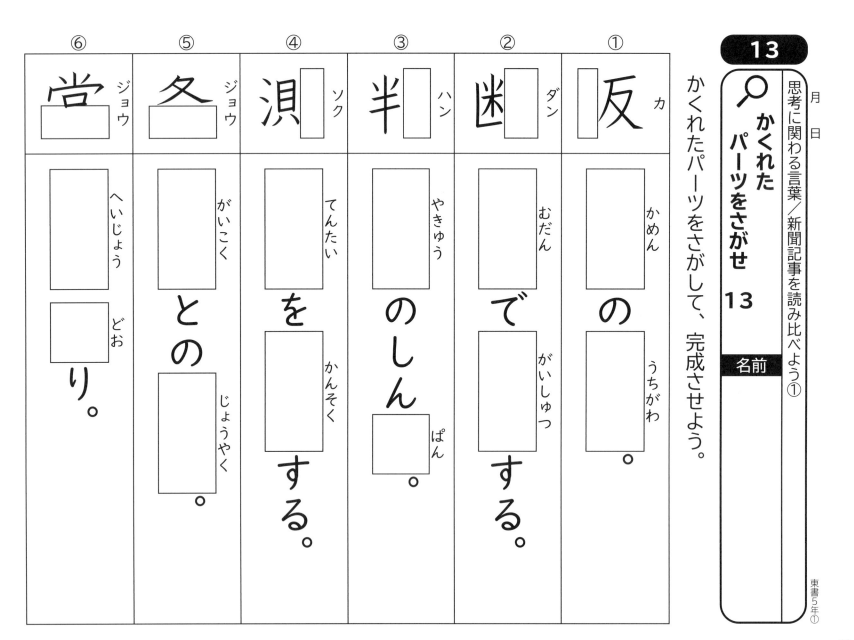

新聞記事を読み比べよう②　月　日

14

かくれたパーツをさがせ 14

名前

かくれたパーツをさがして、完成させよう。

①
□匀《キン》

□《へいきん》気温の□《きろく》。

②
□牛《ケン》

□《じけん》を□《しら》べる。

③
古□《コ》

□《じどうしゃ》の□《じこ》。

④
正□《セイ》

□《せいじ》は□《たいせつ》です。

⑤
□扁《ヘン》

□《しんぶん》を□《へんしゅう》する。

⑥
干□《カン》

□《ちょうかん》と□《ゆうかん》。

東書5年①

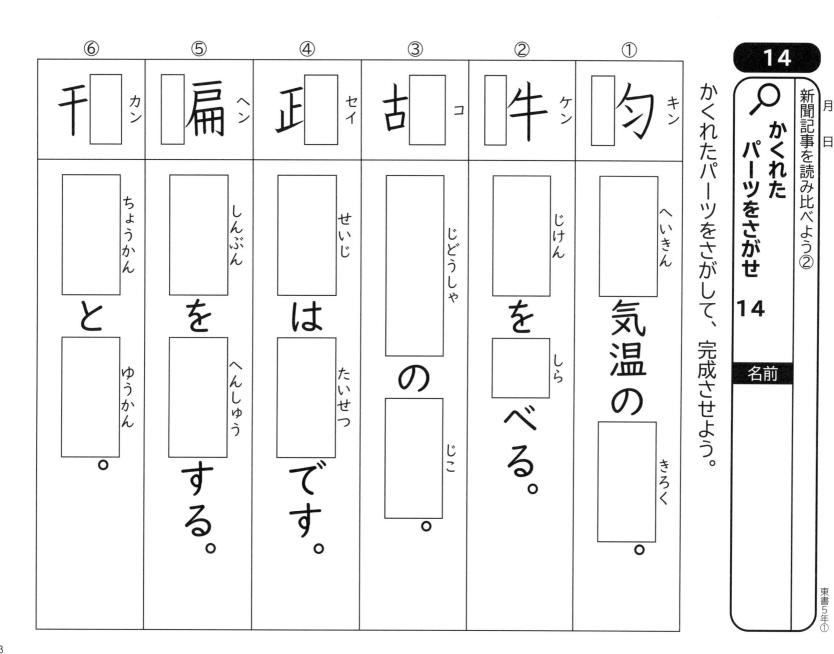

15

月　日

おにぎり石の伝説①

漢字足し算　1

名前

漢字の足し算をしよう。

＊答えの漢字でことばを作ろう。

① 石 + 𠂉 + 隹 = □ → → → □

② 王 + 目 + 儿 = □ → → → □

③ 亻 + 冂 + 古 + 一 = □ → □

④ 衤 + 𠂉 + 日 + 夂 = □ → □

⑤ 糸 + ク + 巴 = □ → → □

⑥ 勹 + 口 = □ → → → → → □

⑦ 艹 + 罒 + 冖 + 夕 = □ → □

⑧ ク + ㇏ = □ → → → → → □

東書5年②

16

✚漢字足し算　2

おにぎり石の伝説②／漢字を使おう　1①

月　日

名前

漢字の足し算をしよう。

①　忄＋圭＋月＝□→→→□

②　亻＋⺈＋罒＋豖＝□→□

③　土＋丷＋田＋日＝□→□

④　丷＋一＋八＋皿＝□→□

⑤　土＋立＋日＋儿＝□→□

⑥　⺶＋手＋戈＝□→→→□

⑦　彳＋吉＋牛＋亍＝□→□

⑧　目＋艮＋く＝□→→→□

＊答えの漢字でことばを作ろう。

東書5年②

月　日

17 ＋漢字足し算　3

漢字を使おう　1②／図書館へ行こう／知りたいことを聞き出そう①

名前

漢字の足し算をしよう。

＊答えの漢字でことばを作ろう。

① 求＋夂＝□↓↓↓↓↓□
② 亻＋古＋冖＋丁＝□↓□
③ 广＋心＝□↓↓↓↓↓□
④冫＋夂＋貝＝□↓↓↓↓□
⑤ ナ＋丨＋土＝□↓↓↓↓□
⑥ 木＋月＋一＝□↓↓↓↓□
⑦ 土＋羊＋尸＋又＝□↓□
⑧ 彳＋日＋一＋寸＝□↓□

東書5年②

18

知りたいことを聞き出そう②／敬語／インターネットは冒けんだ①

月　日

漢字足し算 4

名前

漢字の足し算をしよう。

① 阝＋夕＋又＋示＝□→

② 斤＋斤＋貝＝□→

③ 禾＋夕＋夕＝□→

④ 糸＋公＋心＝□→

⑤ 宀＋仌＋口＝□→

⑥ 阝＋人＋吏＝□→

⑦ 尸＋ノ＋口＋禸＝□→

⑧ 十＋一＝□→

＊答えの漢字でことばを作ろう。

19

月　日

インターネットは冒険だ②

漢字足し算　5

名前

漢字の足し算をしよう。

＊答えの漢字でことばを作ろう。

① 氵＋日＋比＝□
② 巛＋⺌＋人＝□
③ 冂＋大＋一＝□
④ 阝＋同＋ヨ＋六＝□
⑤ 冂＋向＋辶＝□
⑥ 忄＋生＝□
⑦ 木＋井＋冉＝□
⑧ 扌＋立＋女＝□

20

✚漢字足し算 6

漢字を使おう　2／地域のみりょくを伝えよう／漢字の成り立ち①

月　日

名前

漢字の足し算をしよう。

＊答えの漢字でことばを作ろう。

① 二＋小＝□→→→→

② 木＋木＋示＝□→→→

③ 九＋木＋隹＝□→→→

④ 酉＋ム＋儿＋夂＝□→

⑤ 犭＋中＋一＝□→→→

⑥ 忄＋コ＋人＝□→→→

⑦ 言＋音＋戈＝□→→→

⑧ 氵＋丰＋刀＋糸＝□→

東書5年②

21

漢字足し算 7

漢字の成り立ち②／いにしえの言葉に親しもう①

月　日

名前

東書5年②

漢字の足し算をしよう。

＊答えの漢字でことばを作ろう。

① ⼔＋匕＝□→□

② 氵＋一口＋亅＝□→□

③ 米＋圭＋月＝□→□

④ 片＋厂＋又＝□→□

⑤ 土＋土＋丸＋力＝□→□

⑥ 糸＋音＋戈＝□→□

⑦ 糸＋己＝□→□

⑧ 丶＋𠃌＋八＝□→□

月　日

いにしえの言葉に親しもう②～漢字を使おう　3①

✚漢字足し算　8

名前

漢字の足し算をしよう。

＊答えの漢字でことばを作ろう。

① 士＋心＝□→□

② 厂＋林＋止＝□→□

③ 口＋人＝□→□

④ 士＋口＋一＋口＝□→□

⑤ 夫＋夫＋貝＝□→□

⑥ 耳＋音＋戈＝□→□

⑦ 亻＋ノ＋士＝□→□

⑧ 亻＋ム＝□→□

23

月　日

漢字足し算　9

漢字を使おう　3②／思考に関わる言葉①

名前

漢字の足し算をしよう。

＊答えの漢字でことばを作ろう。

① 扌＋刀＋口＝□↓↓↓□

② 丬＋大＋、＝□↓↓↓□

③ 㐅＋木＋殳＝□↓↓↓□

④ ム＋月＋匕＋心＝□↓□

⑤ 亻＋厂＋又＝□↓↓↓□

⑥ 米＋L＋斤＝□↓↓↓□

⑦ ⺍＋キ＋刂＝□↓↓↓□

⑧ 氵＋貝＋刂＝□↓↓↓□

24 漢字足し算 10

月　日

思考に関わる言葉②／新聞記事を読み比べよう

名前

漢字の足し算をしよう。

＊答えの漢字でことばを作ろう。

① 夂＋木＝□→□
② 𭕄＋口＋巾＝□→□
③ 扌＋勹＋ン＝□→□
④ 亻＋牛＝□→□
⑤ 古＋攵＝□→□
⑥ 正＋攵＝□→□
⑦ 糸＋戸＋冊＝□→□
⑧ 干＋刂＝□→□

25

足りないのはどこ（形をよく見て）1

名前

足りないところを見つけて、正しく書こう。

① 確《かく》実《じつ》 ↓ □

② 現《げん》全《きん》 ↓ □

③ 個《こ》数《すう》 ↓ □

④ 複《ふく》数《すう》 ↓ □

⑤ 絶《ぜつ》望《ぼう》 ↓ □

⑥ 文《もん》可《く》 ↓ □

⑦ 夢《む》口《ちゅう》 ↓ □

⑧ 持《じ》久《きゅう》走《そう》 ↓ □

⑨ 情《じょう》熱《ねつ》 ↓ □

⑩ 画《が》像《ぞう》 ↓ □

⑪ 増《ぞう》加《か》 ↓ □

⑫ 利《り》益《えき》 ↓ □

月　日

漢字を使おう　1②／図書館へ行こう

足りないのはどこ（形をよく見て）2

名前

足りないところを見つけて、正しく書こう。

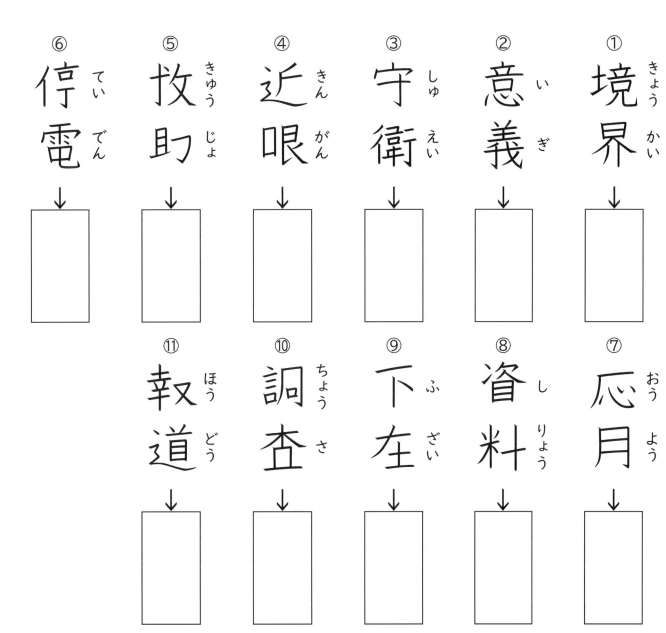

① 境《きょう》界《かい》 → □

② 意《い》義《ぎ》 → □

③ 守《しゅ》衛《えい》 → □

④ 近《きん》眼《がん》 → □

⑤ 救《きゅう》助《じょ》 → □

⑥ 停《てい》電《でん》 → □

⑦ 応《おう》月《よう》 → □

⑧ 資《し》料《りょう》 → □

⑨ 下《ふ》在《ざい》 → □

⑩ 調《ちょう》査《さ》 → □

⑪ 報《ほう》道《どう》 → □

月　日

27 足りないのはどこ（形をよく見て）3

知りたいことを聞き出そう／敬語／インターネットは冒けんだ①

名前

足りないところを見つけて、正しく書こう。

① 得《とく》点《てん》 ↓ □

② 実《じっ》際《さい》 ↓ □

③ 休《たい》質《しつ》 ↓ □

④ 移《い》転《てん》 ↓ □

⑤ 総《そう》合《ごう》 ↓ □

⑥ 容《よう》量《りょう》 ↓ □

⑦ 険《けん》悪《あく》 ↓ □

⑧ 全《きん》属《ぞく》 ↓ □

⑨ 連《うん》転《てん》上《し》 ↓ □

⑩ 混《こん》同《どう》 ↓ □

⑪ 災《さい》害《がい》 ↓ □

月　日

インターネットは冒険だ②／漢字を使おう　2

☆足りないのはどこ（形をよく見て）4

名前

足りないところを見つけて、正しく書こう。

① 妟《よう》囚《いん》
↓ □

② 興《きょう》味《み》
↓ □

③ 過《か》去《こ》
↓ □

④ 習《しゅう》性《せい》
↓ □

⑤ 構《こう》戊《せい》
↓ □

⑥ 拉《せつ》統《ぞく》
↓ □

⑦ 指《し》示《じ》
↓ □

⑧ 禁《きん》止《し》
↓ □

⑨ 雑《ぞう》木《き》林《ばやし》
↓ □

⑩ 炭《たん》酸《さん》
↓ □

⑪ 狆《どく》目《じ》
↓ □

⑫ 軽《けい》快《かい》
↓ □

月　日

地域のみりょくを伝えよう／漢字の成り立ち／いにしえの言葉に親しもう

足りないのはどこ（形をよく見て）5

名前

足りないところを見つけて、正しく書こう。

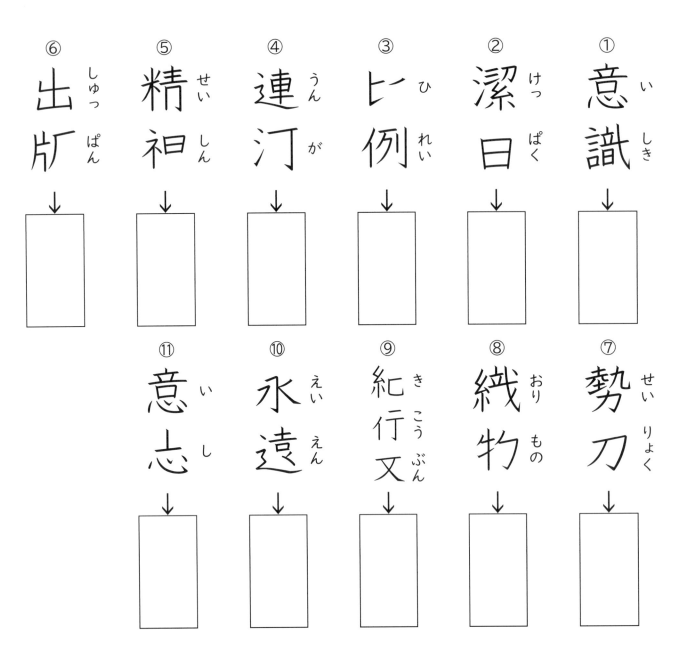

① 意《い》識《しき》 ↓ □

② 潔《けっ》日《ぱく》 ↓ □

③ 比《ひ》例《れい》 ↓ □

④ 連《うん》汀《が》 ↓ □

⑤ 精《せい》神《しん》 ↓ □

⑥ 出《しゅっ》版《ぱん》 ↓ □

⑦ 勢《せい》刀《りょく》 ↓ □

⑧ 織《おり》物《もの》 ↓ □

⑨ 紀《き》行《こう》又《ぶん》 ↓ □

⑩ 氷《えい》遠《えん》 ↓ □

⑪ 意《い》志《し》 ↓ □

月　日

足りないのはどこ（形をよく見て）6

名前

足りないところを見つけて、正しく書こう。

① 歴《れき》代《だい》 → □

② 日《に》本《ほん》史《し》 → □

③ 喜《よろこ》ぶ → □

④ 賛《さん》成《せい》 → □

⑤ 職《しょく》業《ぎょう》 → □

⑥ 任《にん》命《めい》 → □

⑦ 大《だい》物《ぶつ》 → □

⑧ 招《しょう》待《たい》 → □

⑨ 状《じょう》態《たい》 → □

⑩ 殺《さっ》風《ぷう》景《けい》 → □

⑪ 態《たい》度《ど》 → □

31

月　日

思考に関わる言葉／しん聞記じを読み比べよう

足りないのはどこ（形をよく見て）7

名前

足りないところを見つけて、正しく書こう。

① 仮《か》面《めん》 →

② 無《む》断《だん》 →

③ 判《はん》決《けつ》 →

④ 計《けい》測《そく》 →

⑤ 条《じょう》約《やく》 →

⑥ 常《じょう》温《おん》 →

⑦ 均《きん》等《とう》 →

⑧ 用《よう》件《けん》 →

⑨ 事《じ》故《こ》 →

⑩ 政《せい》府《ふ》 →

⑪ 編《へん》集《しゅう》 →

⑫ 新《しん》刊《かん》 →

32

おにぎり石の伝説①

月　日

漢字を入れよう　1

名前

東書5年④

文を読んで、ぴったりの漢字を入れよう。

①まちがいないか、もう一度□かめましょう。

②知らない人が、いきなり目の前に□れた。

③このリンゴは一□、百円で買った。

④一人だけでなく、□数の人の意見を聞く。

⑤そんなことをするのは、□対にいやだ。

⑥知らない語□の意味を、調べましょう。

⑦ねている間に、とてもこわい□を見た。

⑧このプールで泳ぐのは、□しぶりだ。

ヒント　個　久　絶　現　確　句　複　夢

月　日

33

漢字を入れよう　2

おにぎり石の伝説②／漢字を使おう　1①

名前

文を読んで、ぴったりの漢字を入れよう。

①にこにこと、明るい表□をする。

②その動物は、想□した以上に大きかった。

③この辺りは、人が□えてにぎやかになった。

④会社は今年度、大きな利□をあげた。

⑤戦争が起こり、国□をこえてひなんする。

⑥悪者をやっつける、正□の味方が登場する。

⑦夜空に、人工□星が光っている。

⑧目が赤かったので、□科に行った。

ヒント　衛　境　義　眼　像　増　情　益

漢字を入れよう　3

名前

文を読んで、ぴったりの漢字を入れよう。

①けがをした人が、□急車で運ばれる。

②バス□で、二列にならんで待つ。

③必要に□じて、写真や図を見せましょう。

④研究に必要な、□料を集める。

⑤その物語は、実□した人物を題材にしている。

⑥健康についての、アンケート調□を行う。

⑦調べた結果をまとめて□こくする。

⑧シュートを決めて、□意気な顔をする。

ヒント　停　報　救　応　得　資　在　査

月　日

知りたいことを聞き出そう②／敬語／インターネットは冒けんだ①

漢字を入れよう　4

名前

文を読んで、ぴったりの漢字を入れよう。

①アメリカの友人に、国□電話をかける。

②分からないことを、先生に□問する。

③よく見えないので、前の席に□る。

④日本の□理大臣が、アメリカに行く。

⑤四角い□器に、おべんとうをつめる。

⑥ちょう上を目指して、□しい山道を登る。

⑦これは、とてもかたい金□でできている。

⑧すもうの力□が、土ひょうに上がる。

ヒント　質　険　属　容　士　移　総　際

月　日

36

漢字を入れよう 5

名前

文を読んで、ぴったりの漢字を入れよう。

① 青色と黄色を□ぜると、緑色になる。

② 火□にそなえて、ひなん訓練を行う。

③ 失敗した原□を、はっきりさせる。

④ いろいろな読み物に、□味を持って読む。

⑤ 特急電車が、小さな駅を通□する。

⑥ この車両は、女□せん用車両です。

⑦ バッターボックスで、バットを□える。

⑧ その試合は、一点差の□戦で負けた。

ヒント　災　接　構　興　因　性　過　混

月　日

漢字を使おう　2／地域のみりょくを伝えよう／漢字の成り立ち①

漢字を入れよう　6

名前

文を読んで、ぴったりの漢字を入れよう。

①次の指□があるまで、教室で待ちましょう。

②この道路は、自動車は通行□止です。

③庭に生えた□草の、草取りをする。

④このみかんは□味が強く、とてもすっぱい。

⑤好きなチームが、首位を□走している。

⑥今日の運動会は、雲一つ無い□晴です。

⑦人は、本から知□を得ることができる。

⑧料理をする前に、手を清□にする。

ヒント　快　独　酸　禁　雑　潔　識　示

月　日

漢字の成り立ち②／いにしえの言葉に親しもう①

漢字を入れよう 7

名前

文を読んで、ぴったりの漢字を入れよう。

①父と、手の大きさを□べてみました。

②七夕の夜、美しい銀□が見えた。

③ご飯を食べるのもわすれて、勉強に□を出す。

④図工の時間に、ちょうこく刀で□画をほる。

⑤広場に、大□の人が集まっている。

⑥毛糸で手□りのマフラーを作った。

⑦二〇〇一年は、二十一世□の始まりです。

⑧人の命は、□遠には続かない。

ヒント　版　精　比　織　紀　勢　永　河

39

月　日

いにしえの言葉に親しもう②～漢字を使おう　3①

漢字を入れよう　8

名前

文を読んで、ぴったりの漢字を入れよう。

①最後まで、自分の意□をつらぬく。

②兄は、世界の□しを勉強している。

③ぼくは、日本のれき□に興味がある。

④プレゼントをもらって、大□びする。

⑤Aの意見には反対だが、Bには□成だ。

⑥あの人は、有名な植木□人です。

⑦先生から、係の仕事を□せられた。

⑧奈良の東大寺は、大□が有名です。

ヒント　喜　史　職　仏　賛　歴　任　志

東書5年④

40

月　日

漢字を使おう　3②／思考に関わる言葉①

漢字を入れよう　9

名前

文を読んで、ぴったりの漢字を入れよう。

①たん生日に、友達を家に［　］待する。

②コンクールで一位になり、しょう［　］をもらう。

③見つからないように、息を［　］してかくれる。

④父親に、反こう的な［　］度をとる。

⑤もし［　］に、水が無くなったらどうしよう。

⑥やるかやらないかを、自分で決［　］する。

⑦ボクシングの試合で、［　］定勝ちする。

⑧兄の望遠鏡で、天体観［　］をする。

ヒント　断　招　測　殺　状　判　態　仮

月　日

41

思考に関わる言葉②／新聞記事を読み比べよう

漢字を入れよう 10

名前

文を読んで、ぴったりの漢字を入れよう。

①外国と□約を結んで、実行する。

②今日は、平□通りの時間わりです。

③テストの平□点は、八十点でした。

④けい察が、事□のことを調べている。

⑤信号の前で、自動車の事□があった。

⑥国会では、日本の□治について話し合われる。

⑦姉が、毛糸でマフラーを□んでいる。

⑧新聞の朝□の配達の音で、目が覚めた。

ヒント　均　件　常　故　政　編　条　刊

2 学期

月　日

未知へ／心の動きを短歌で表そう

かくれたパーツをさがせ 15

名前

かくれたパーツをさがして、完成させよう。

① □ ショウ

□《きしょうだい》の□《しごと》。

② 其 キ

□《きほん》を□《まな》ぶ。

③ 修 シュウ

□《きかい》を□《しゅうり》する。

④ 適 テキ

□《てきせつ》な□《つか》い□《かた》。

⑤ 序 ジョ

□《じゅんじょ》よく□《か》く。

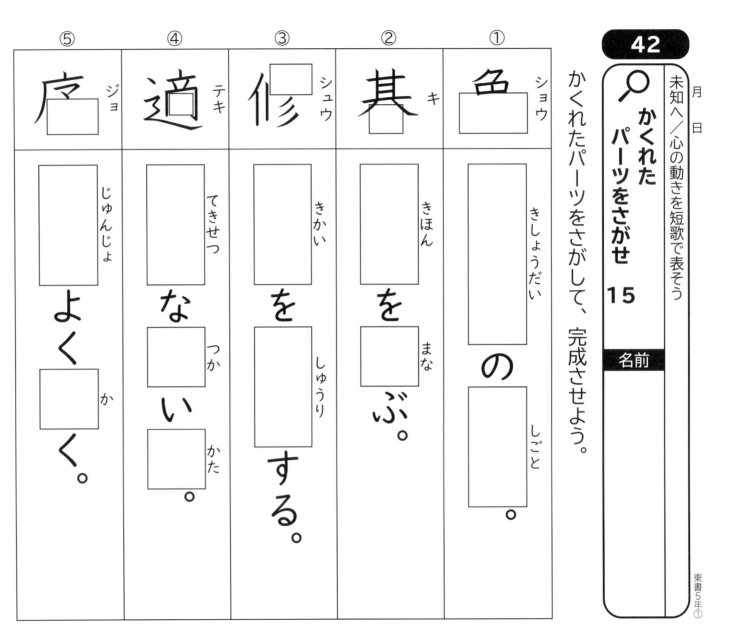

月　日

問題をかい決するために話し合おう／漢字を使おう　4①

43

かくれたパーツをさがせ　16

名前

かくれたパーツをさがして、完成させよう。

①
□罕　カイ

□《はなし》を□《りかい》する。

②
□咸　へ（る）

□《たいじゅう》が□《へ》る。

③
□各　カク

□《しけん》に□《ごうかく》する。

④
客□　ガク

□《はんがく》の□《おおやすう》り。

⑤
代（下に□）　か（す）

□《おとうと》に□《ふく》を□《か》す。

⑥
分（下に□）　まず（しい）

□《まず》しい□《しょくじ》。

東書5年①

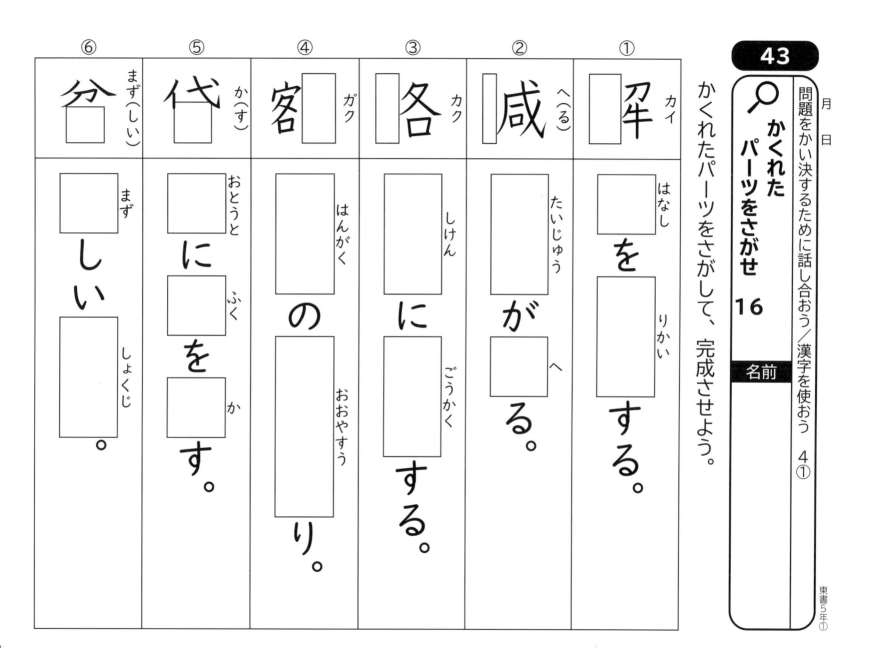

44

漢字を使おう　4②

月　日

かくれたパーツをさがせ　17

名前

かくれたパーツをさがして、完成させよう。

①

ジュン

□《じゅんけっしょう》に□《すす》む。

②

はか

お□《はかまいり》に□《い》く。

③

ソ

□《そぼ》は□《げんき》です。

④

まよ(う)

□《みち》に□《まよ》う。

⑤

の(べる)

□《いけん》を□《の》べる。

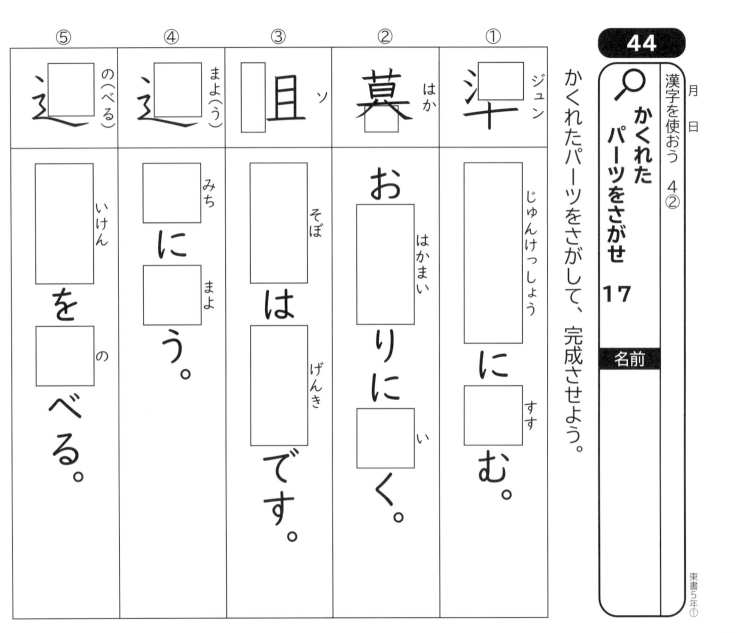

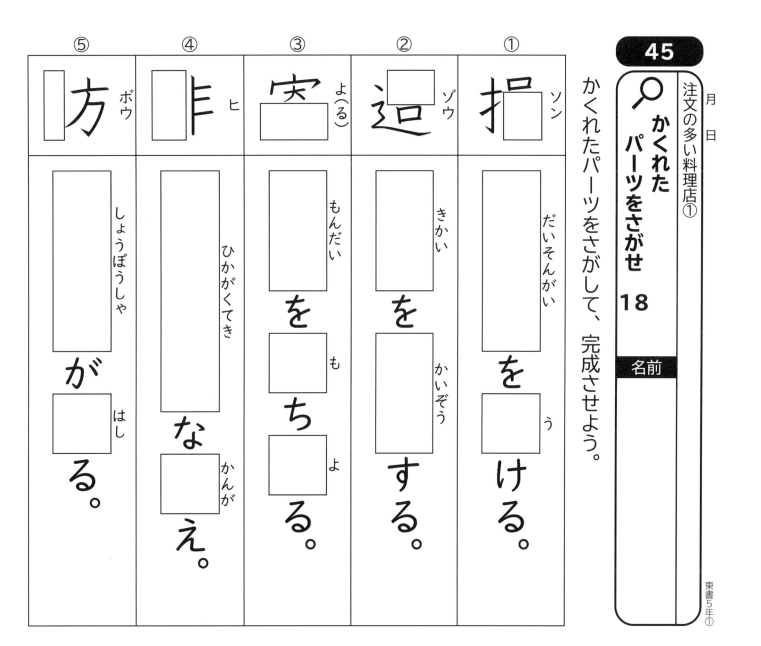

45

注文の多い料理店①

月　日

かくれたパーツをさがせ 18

名前

かくれたパーツをさがして、完成させよう。

① □《ソン》

□《だいそんがい》を□《う》ける。

② □《ゾウ》

□《きかい》を□《かいぞう》する。

③ □《よ(る)》

□《もんだい》を□《も》ち□《よ》る。

④ □《ヒ》

□《ひかがくてき》な□《かんが》え。

⑤ □《ボウ》

□《しょうぼうしゃ》が□《はし》る。

東書5年①

月　日

注文の多い料理店②／漢字を使おう　5①

46

かくれたパーツをさがせ 19

名前

かくれたパーツをさがして、完成させよう。

① 圭□《ドク》

□《くすり》で□《しょうどく》する。

② 圭□《せ(める)》

□《しっぱい》を□《せ》める。

③ □皮《やぶ(る)》

□《やくそく》を□《やぶ》る。

④ □支《えだ》

□《き》の□《えだ》を□《き》る。

⑤ 自□《シ》

□《しょうがっこう》の□《きょうし》。

⑥ 厂□《アツ》

□《けつあつ》が□《たか》い。

東書5年①

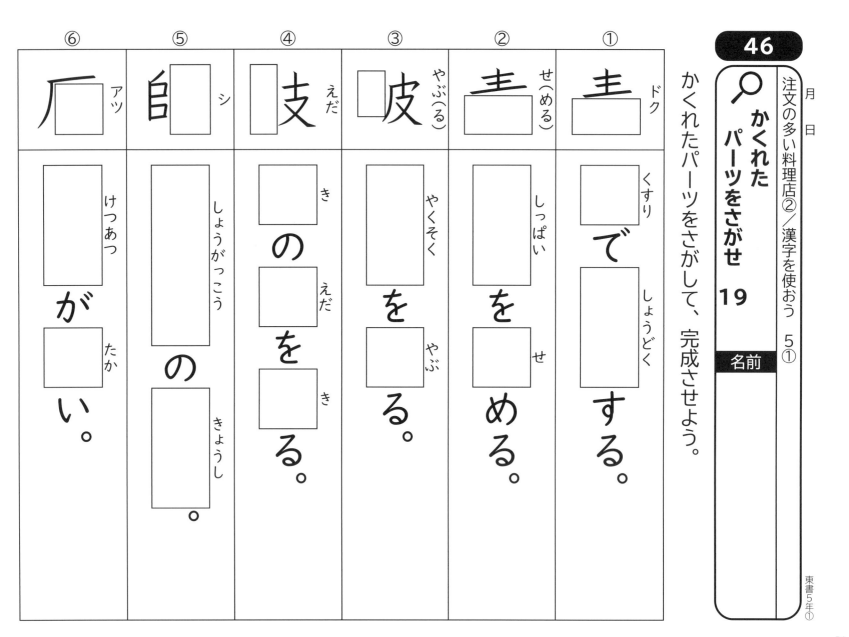

47

月　日

漢字を使おう　5②／どうやって文をつなげればいいの？

かくれたパーツをさがせ　20

名前

かくれたパーツをさがして、完成させよう。

① □呂《エイ》
□《ほんじつ》□《えいぎょうちゅう》。

② □西《カ》
□《ていか》より□《やす》い。

③ □《セイ》
□《せいふく》を□《き》る。

④ □巴《ヒ》
□《しょくぶつ》の□《ひりょう》。

⑤ □《キュウ》
□《きゅうしき》の□《じどうしゃ》。

⑥ □《ギャク》
□《しあい》で□《ぎゃくてん》□《が》ち。

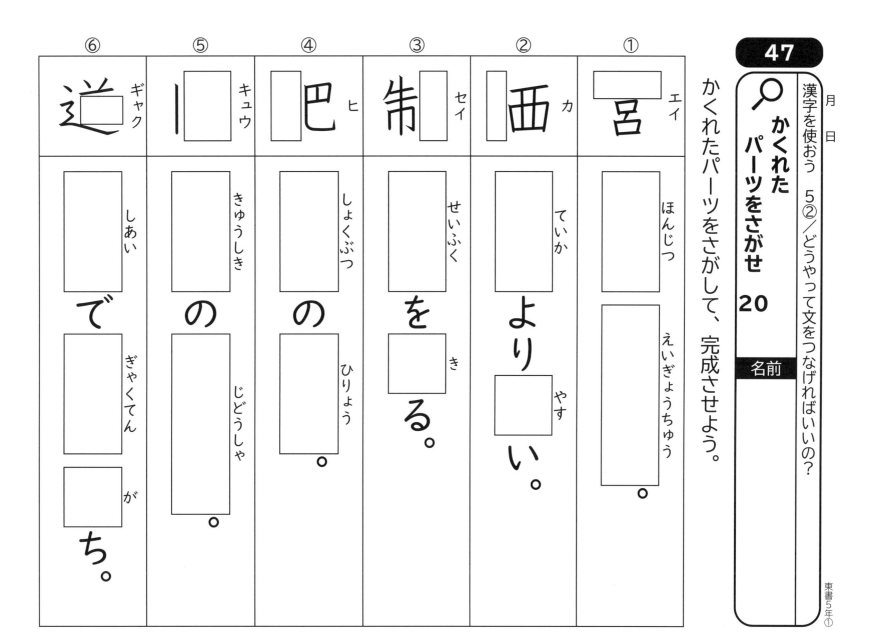

月　日

和の文化を受けつぐ—和菓子をさぐる①

48

かくれたパーツをさがせ 21

名前

かくれたパーツをさがして、完成させよう。

①
□充《トウ》
□《でんとう》□《こうぎょう》を□《まな》ぶ。

②
□分《こ》
□《こむぎこ》で□《つく》る。

③
□俞《ユ》
□《きかい》を□《ゆしゅつ》する。

④
□支《ギ》
□《とくぎ》を□《はっぴょう》する。

⑤
行□《ジュツ》
□《め》の□《しゅじゅつ》をする。

⑥
士□《ささ(える)》
□《りょうて》で□《ささ》える。

東書5年①

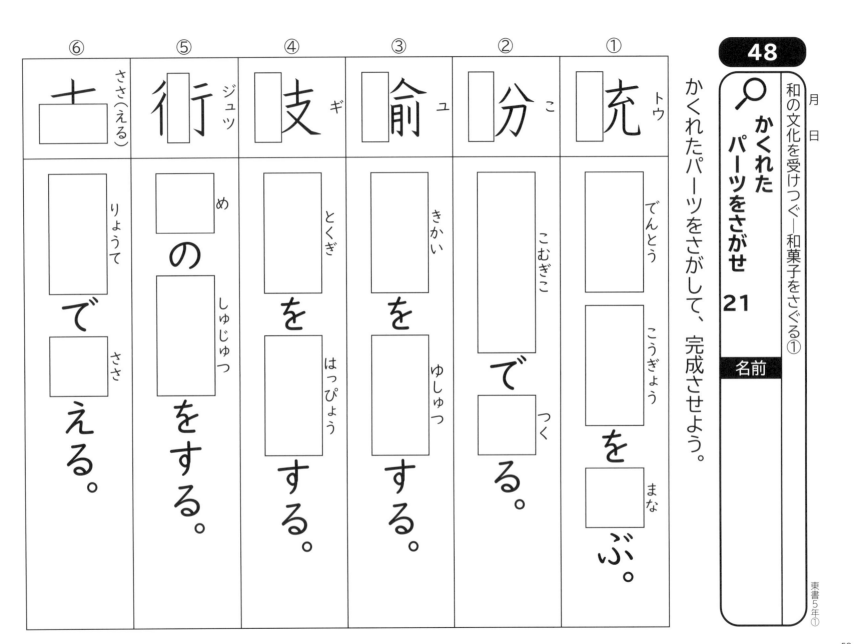

月　日

和の文化を受けつぐ②／和の文化を発信しよう／熟語の構成と意味①

かくれたパーツをさがせ 22

名前

かくれたパーツをさがして、完成させよう。

① 刑□《かた》
□《けつ》えき□《がた》

② □《サイ》
□《さいほうそう》を□《み》る。

③ □艮《ゲン》
□《たいりょく》の□《げんかい》。

④ 交□《コウ》
□《こうかてき》な□《ほうほう》。

⑤ □呆《たも(つ)》
□《おんど》を□《たも》つ。

⑥ 護《ゴ》
□《ようご》の□《せんせい》。

月　日

熟語の構成と意味②

かくれたパーツをさがせ 23

名前

かくれたパーツをさがして、完成させよう。

番号	漢字	読み	問題
①	□	つま	□《つま》の□《たいせつ》なもの。
②	□主	オウ	□《くるま》が□《おうらい》する。
③	□复	フク	□《べんきょう》の□《ふくしゅう》。
④	□井	たがや(す)	□《はたけ》を□《たがや》す。
⑤	□冓	コウ	□《こうしゅう》を□《う》ける。
⑥	□非	ザイ	□《むざい》を□《か》ち□《と》る。

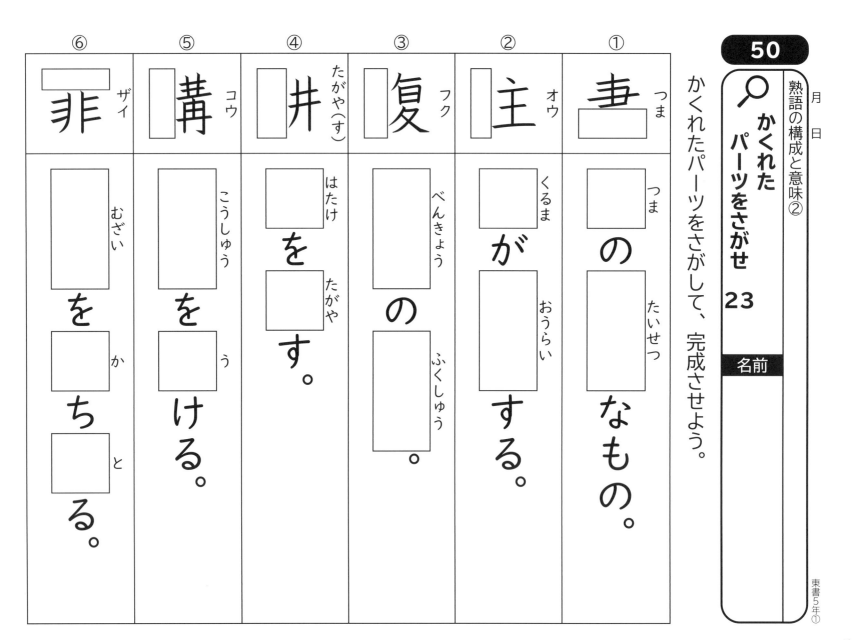

熟語の構成と意味③～和語・漢語・外来語①

51 かくれたパーツをさがせ 24

名前

かくれたパーツをさがして、完成させよう。

① □然《ネン》

□《ぎょせん》の□《ねんりょう》。

② □是《テイ》

□《しゅくだい》を□《ていしゅつ》する。

③ 常《ショウ》

□《やきゅう》大会で□《にゅうしょう》。

④ □安《さくら》

□《さくら》が□《まんかい》になる。

⑤ □同《ドウ》

□《どうか》を□《あつ》める。

⑥ 留《ボウ》

□《がいこく》との□《ぼうえき》。

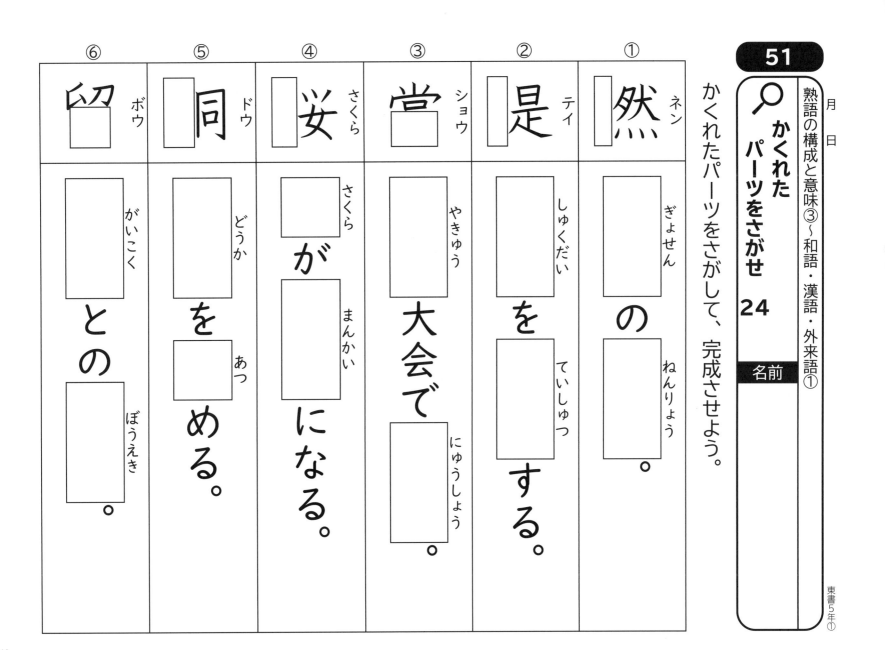

52

月　日

和語・漢語・外来語②／大造じいさんとがん①

かくれたパーツをさがせ

25

名前

かくれたパーツをさがして、完成させよう。

① 日□　イ

□《あんい》な□《かんが》え。

② 夫□　キ

□《さんかく》□《じょうぎ》

③ 貝□　ソク

□《はんそく》□《ま》け。

④ □　ひき(いる)

□《がくせい》を□《ひき》いる。

⑤ 令□　リョウ

□《いちぞく》の□《とうりょう》。

⑥ □長　チョウ

□《いけん》を□《しゅちょう》する。

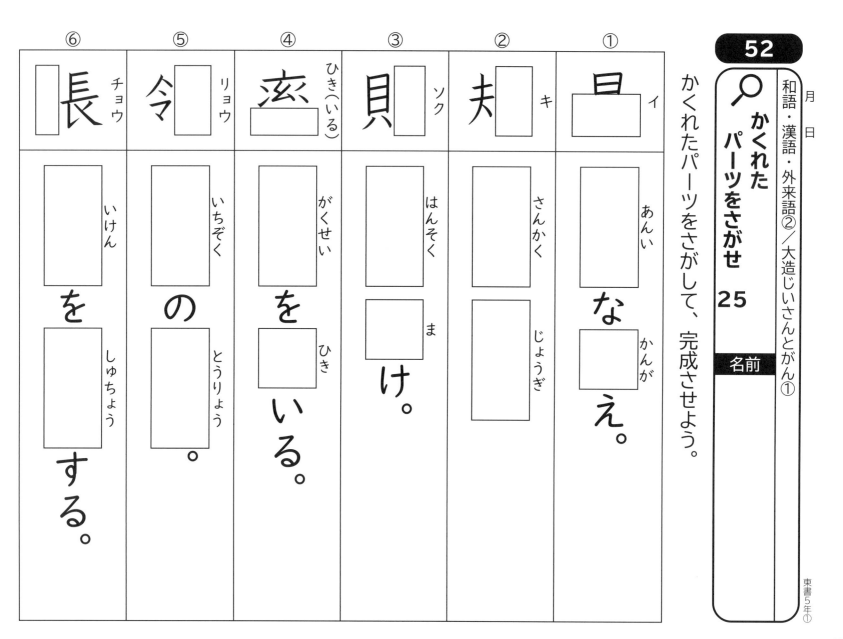

月　日

大造じいさんとがん②／漢字を使おう 6①

かくれたパーツをさがせ 26

名前

かくれたパーツをさがして、完成させよう。

① □道（ドウ）
□《がくせい》を□《しどう》する。

② □各（リャク）
□《せつめい》を□《しょうりゃく》する。

③ □司（か(う)）
□《ことり》を□《か》う。

④ 厶□（ベン）
お□《べんとう》を□《た》べる。

⑤ 𫩏□（ドウ）
□《しょくどう》に□《あつ》まる。

⑥ □帚（フ）
□《ふじんふく》□《う》り□《ば》

東書5年①

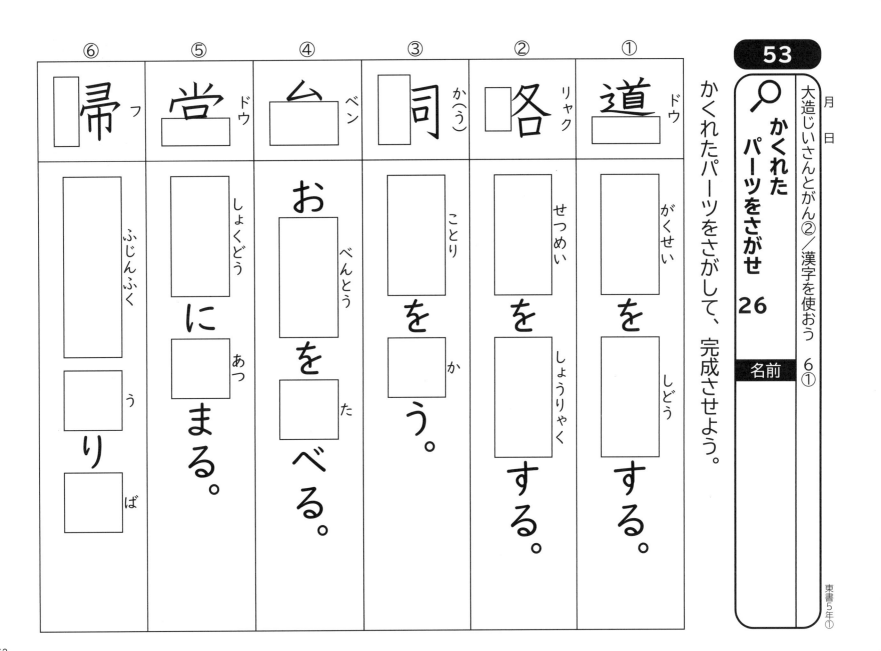

月　日

54

かくれたパーツをさがせ 27

名前

かくれたパーツをさがして、完成させよう。

① □帛《わた》
□《わたげ》が□《と》ぶ。

② 卯□《リュウ》
□《がいこく》に□《りゅうがく》する。

③ □㔾《ハン》
□《ほんとう》の□《はんにん》。

④ 氵亠□《エキ》
□《けつえき》を□《しら》べる。

⑤ □呈《テイ》
□《ていど》を□《しら》べる。

⑥ 弋□《ブ》
□《ぶし》が□《かたな》を□《さ》す。

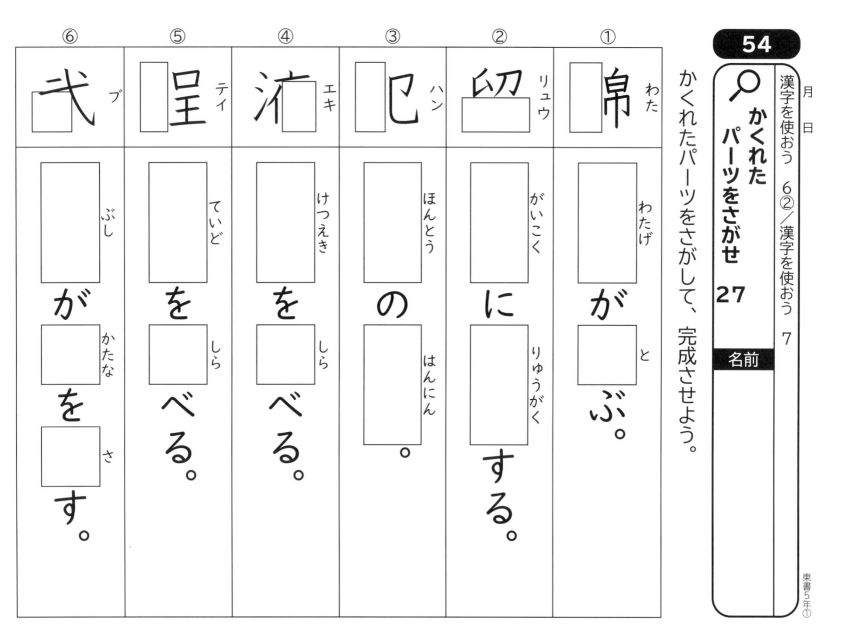

月　日

未知へ／心の動きを短歌で表そう／問題をかい決するために話し合おう

55

漢字足し算 11

名前

東書5年②

漢字の足し算をしよう。

＊答えの漢字でことばを作ろう。

① ⺈＋罒＋豕＝□ → → → □

② 甘＋八＋土＝□ → → → □

③ 亻＋丨＋夂＋彡＝□ → □

④ 亠冂＋古＋辶＝□ → → → □

⑤ 广＋マ＋丁＝□ → → → □

⑥ 角＋刀＋牛＝□ → → → □

⑦ 氵＋厂＋口＋戈＝□ → □

月　日

漢字を使おう 4①

56 漢字足し算 12

名前

漢字の足し算をしよう。

＊答えの漢字でことばを作ろう。

① 木＋夂＋口＝□→→→

② 宀＋各＋亠＋貝＝□→

③ 亻＋弋＋貝＝□→→→

④ 八＋刀＋貝＝□→→→

⑤ 氵＋隹＋十＝□→→→

⑥ 卄＋日＋六＋土＝□→

東書5年②

57

月　日

漢字を使おう　4②／注文の多い料理店①

＋漢字足し算 13

名前

東書5年②

漢字の足し算をしよう。

＊答えの漢字でことばを作ろう。

① ネ＋月＋一＝□→↓↓↓□

② 米＋辶＝□↓↓↓↓□

③ 木＋、＋辶＝□↓↓↓□

④ 扌＋口＋貝＝□↓↓↓□

⑤ 生＋口＋辶＝□↓↓↓□

⑥ 宀＋大＋可＝□↓↓↓□

58

月　日

注文の多い料理店②

漢字足し算 14

名前

漢字の足し算をしよう。

＊答えの漢字でことばを作ろう。

① 扌＋⺊＝□→→→→□

② 阝＋亠＋⺈＝□→→→□

③ 圭＋丒＋一＝□→→→□

④ 圭＋貝＝□→→→→□

⑤ 石＋厂＋攵＝□→→→□

⑥ 木＋十＋又＝□→→→□

⑦ 㠯＋一＋巾＝□→→→□

東書5年②

59

月　日

漢字を使おう　5／どうやって文をつなげればいいの？

＋漢字足し算　15

名前

漢字の足し算をしよう。

＊答えの漢字でことばを作ろう。

① 厂＋土＝□→→→→→□

② ⺍＋冖＋呂＝□→→→→→□

③ 亻＋西＝□→→→→→□

④ 𠂉＋巾＋刂＝□→→→→→□

⑤ 月＋巴＝□→→→→→□

⑥ 丨＋日＝□→→→→→□

⑦ 䒑＋屮＋辶＝□→→→→→□

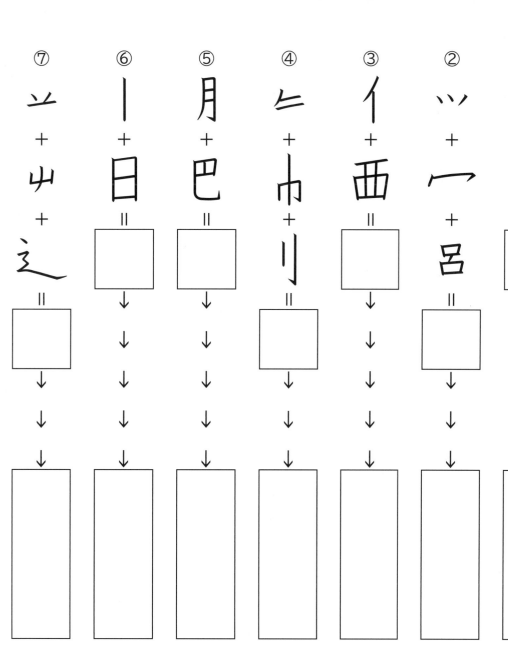

60

月　日

和の文化を受けつぐ―和菓子をさぐる①

＋漢字足し算 16

名前

漢字の足し算をしよう。

＊答えの漢字でことばを作ろう。

① 糸＋去＋儿＝□↓↓↓□

② 米＋八＋刀＝□↓↓↓□

③ 車＋𠆢＋一＋刖＝□↓□

④ 扌＋十＋又＝□↓↓↓□

⑤ 彳＋木＋亍＝□↓↓↓□

⑥ 十＋又＝□↓↓↓□

⑦ 幵＋刂＋土＝□↓↓↓□

月　日

和の文化を受けつぐ②／和の文化を発信しよう／熟語の構成と意味①

61

＋漢字足し算 17

名前

漢字の足し算をしよう。

＊答えの漢字でことばを作ろう。

① 一＋冂＋土＝□

② 阝＋艮＋く＝□

③ 亠＋㐅＋力＝□

④ 亻＋口＋木＝□

⑤ 言＋艹＋隹＋又＝□

⑥ 一＋由＋女＝□

⑦ 彳＋、＋王＝□

東書5年②

月　日

62

熟語の構成と意味②／てい案します、一週間チャレンジ

＋漢字足し算 18

名前

漢字の足し算をしよう。

＊答えの漢字でことばを作ろう。

① 彳＋𠂉＋日＋夂＝□→□

② 耒＋井＝□→↓↓↓□

③ 言＋井＋冉＝□→↓↓↓□

④ 罒＋彐＋⻊＝□→↓↓↓□

⑤ 火＋夕＋犬＋灬＝□→□

⑥ 扌＋日＋疋＝□→↓↓↓□

⑦ 䒑＋冖＋貝＝□→↓↓↓□

東書5年②

63

月　日

和語・漢語・外来語

漢字足し算 19

名前

漢字の足し算をしよう。

① 木＋⺍＋女＝□↓↓↓□

② 金＋冂＋口＝□↓↓↓□

③ 厶＋刀＋貝＝□↓↓↓□

④ 曰＋勿＝□↓↓↓↓□

⑤ 夫＋目＋儿＝□↓↓↓□

⑥ 目＋八＋刂＝□↓↓↓□

＊答えの漢字でことばを作ろう。

月　日

64

漢字足し算 20

大造じいさんとがん

名前

漢字の足し算をしよう。

＊答えの漢字でことばを作ろう。

① 亠 ＋ 幺 ＋ ⺍ ＋ 十 ＝ □ → □

② 𠆢 ＋ 、 ＋ マ ＋ 頁 ＝ □ → □

③ 弓 ＋ 巨 ＋ 𠂆 ＝ □ → → → □

④ 首 ＋ 辶 ＋ 寸 ＝ □ → → → □

⑤ 田 ＋ 夂 ＋ 口 ＝ □ → → → □

⑥ 飠 ＋ 𠃌 ＋ 一 ＋ 口 ＝ □ → □

⑦ 厶 ＋ 廾 ＝ □ → → → → → □

⑧ ⺍ ＋ 口 ＋ 土 ＝ □ → → → □

65

月　日

漢字を使おう　6／漢字を使おう　7

＋漢字足し算 21

名前

漢字の足し算をしよう。

＊答えの漢字でことばを作ろう。

① 女＋ヨ＋冖＋巾＝□→□

② 糸＋白＋巾＝□↓↓↓□

③ 厶＋刀＋田＝□↓↓↓□

④ 犭＋マ＋乚＝□↓↓↓□

⑤ 冫＋亠＋亻＋夂＝□→□

⑥ 禾＋口＋王＝□↓↓↓□

⑦ 二＋止＋乚＝□↓↓↓□

東書5年②

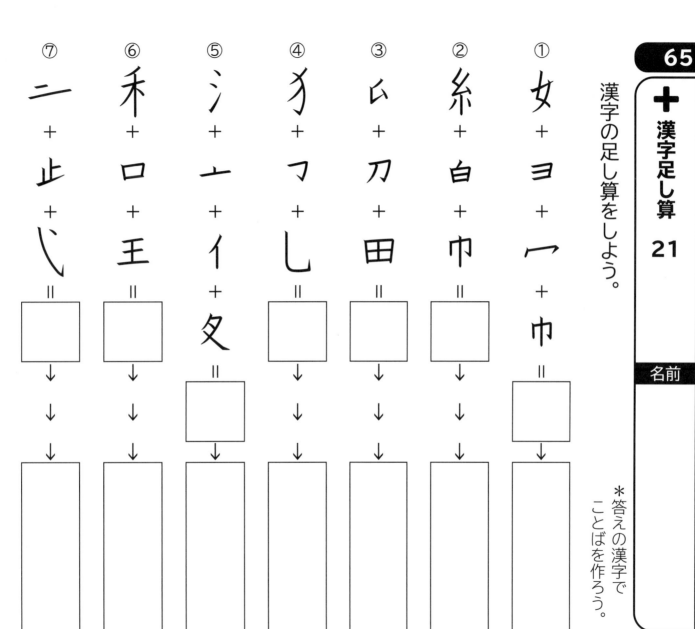

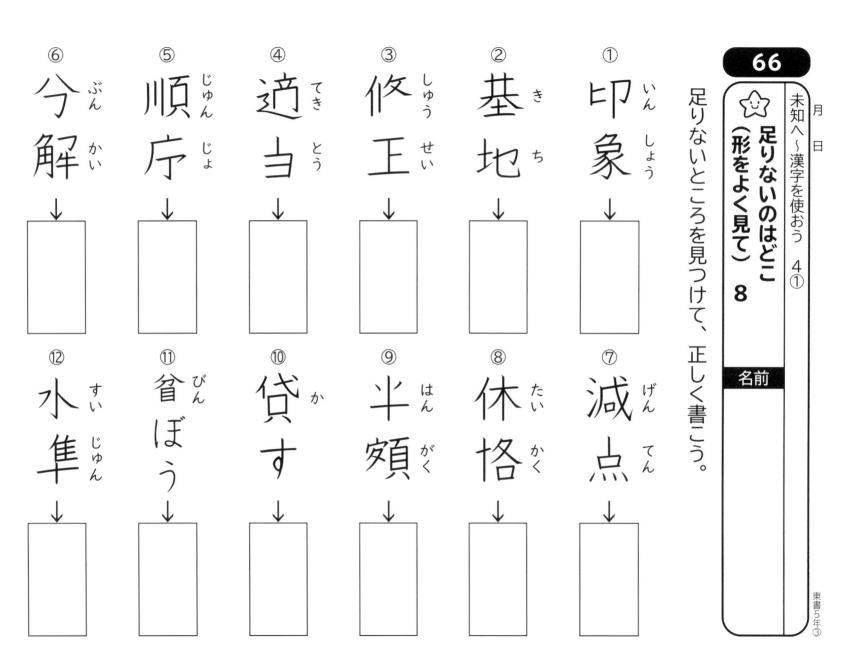

月　日

未知へ～漢字を使おう　4①

足りないのはどこ（形をよく見て）8

名前

足りないところを見つけて、正しく書こう。

① 印《いん》象《しょう》 →

② 基《き》地《ち》 →

③ 修《しゅう》正《せい》 →

④ 適《てき》当《とう》 →

⑤ 順《じゅん》序《じょ》 →

⑥ 分《ぶん》解《かい》 →

⑦ 減《げん》点《てん》 →

⑧ 体《たい》格《かく》 →

⑨ 半《はん》額《がく》 →

⑩ 貸《か》す →

⑪ 貧《びん》ぼう →

⑫ 水《すい》準《じゅん》 →

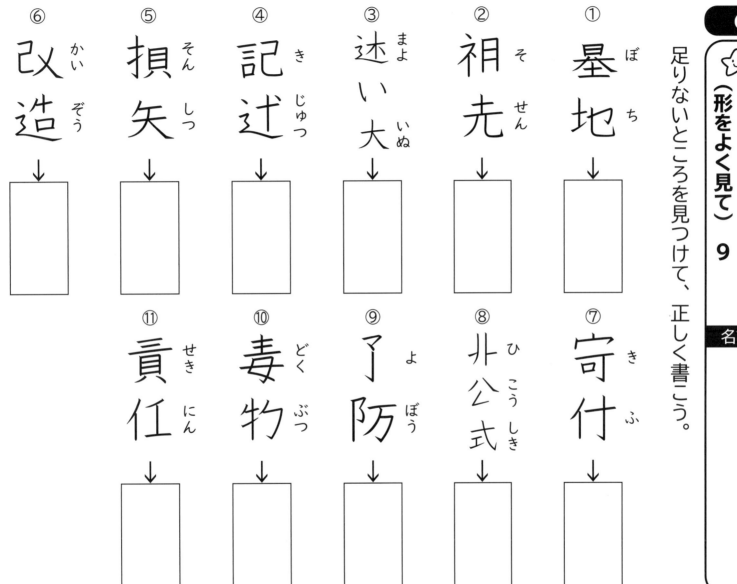

足りないのはどこ（形をよく見て）9

名前

足りないところを見つけて、正しく書こう。

① 墓《ぼ》地《ち》
↓
□

② 祖《そ》先《せん》
↓
□

③ 迷《まよ》い犬《いぬ》
↓
□

④ 記《き》述《じゅつ》
↓
□

⑤ 損《そん》失《しつ》
↓
□

⑥ 改《かい》造《ぞう》
↓
□

⑦ 寄《き》付《ふ》
↓
□

⑧ 非《ひ》公《こう》式《しき》
↓
□

⑨ 予《よ》防《ぼう》
↓
□

⑩ 毒《どく》物《ぶつ》
↓
□

⑪ 責《せき》任《にん》
↓
□

月　日

注文の多い料理店②～どうやって文をつなげればいいの？

68

足りないのはどこ（形をよく見て）10

名前

足りないところを見つけて、正しく書こう。

①破《は》産《さん》

②技《えだ》道《みち》

③涌《りょう》師《し》

④白《けつ》圧《あつ》

⑤連《うん》宮《えい》

⑥定《てい》佰《か》

⑦休《たい》制《せい》

⑧肥《ひ》満《まん》

⑨旧《きゅう》式《しき》

⑩逆《ぎゃく》風《ふう》

69

和の文化を受けつぐ／和の文化を発信しよう／熟語の構成と意味①

月　日

足りないのはどこ（形をよく見て）11

名前

東書5年③

足りないところを見つけて、正しく書こう。

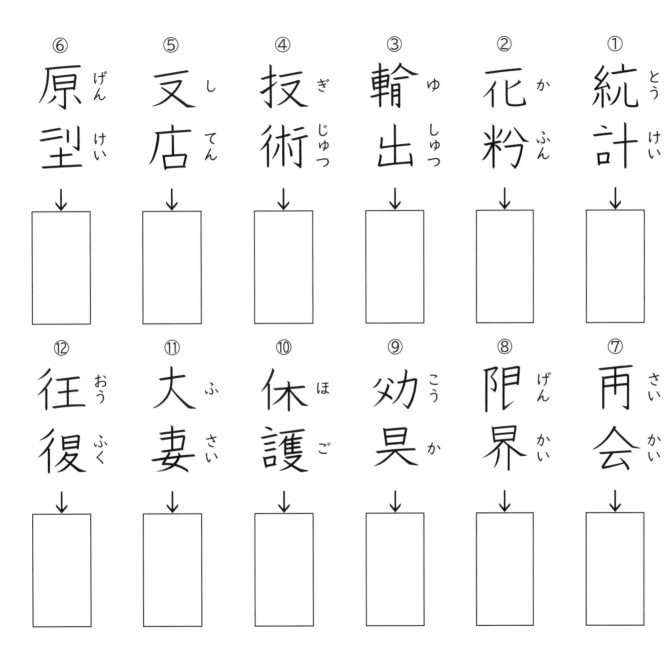

① 統《とう》計《けい》 →

② 花《か》粉《ふん》 →

③ 輸《ゆ》出《しゅつ》 →

④ 技《ぎ》術《じゅつ》 →

⑤ 支《し》店《てん》 →

⑥ 原《げん》型《けい》 →

⑦ 再《さい》会《かい》 →

⑧ 限《げん》界《かい》 →

⑨ 効《こう》果《か》 →

⑩ 保《ほ》護《ご》 →

⑪ 夫《ふ》妻《さい》 →

⑫ 往《おう》復《ふく》 →

70

熟語の構成と意味②～大造じいさんとがん①

月　日

足りないのはどこ（形をよく見て）12

名前

足りないところを見つけて、正しく書こう。

① 耕《こう》地《ち》 ↓

② 講《こう》師《し》 ↓

③ 有《ゆう》罪《ざい》 ↓

④ 燃《ねん》料《りょう》 ↓

⑤ 提《てい》案《あん》 ↓

⑥ 夜《よ》桜《ざくら》 ↓

⑦ 銅《どう》賞《しょう》 ↓

⑧ 貿《ぼう》易《えき》 ↓

⑨ 規《き》則《そく》 ↓

⑩ 勝《しょう》率《りつ》 ↓

⑪ 領《りょう》土《ど》 ↓

⑫ 主《しゅ》張《ちょう》 ↓

月　日

71

大造じいさんとがん②／漢字を使おう6／漢字を使おう7

足りないのはどこ（形をよく見て）13

名前

足りないところを見つけて、正しく書こう。

① 指《し》導《どう》 → □

② 略《りゃく》図《ず》 → □

③ 飼《し》育《いく》 → □

④ 駅《えき》弁《べん》 → □

⑤ 公《こう》会《かい》堂《どう》 → □

⑥ 三《しゅ》婦《ふ》 → □

⑦ 綿《めん》花《か》 → □

⑧ 留《る》守《す》 → □

⑨ 防《ぼう》犯《はん》 → □

⑩ 液《えき》休《たい》 → □

⑪ 口《にっ》程《てい》 → □

⑫ 武《ぶ》器《き》 → □

東書5年③

月　日

未知へ／心の動きを短歌で表そう／問題をかい決するために話し合おう

漢字を入れよう 11

名前

東書5年④

文を読んで、ぴったりの漢字を入れよう。

①動物園で、大きな耳のアフリカ□を見た。

②母から、料理の□本を教わった。

③こわれた自転車を、自分で□理する。

④秋は、運動やスポーツに□した季節だ。

⑤低学年から、順□よくならんでください。

⑥時計を分□したが、組み立てられない。

⑦病気をしたので、体重が□ってしまった。

ヒント　基　序　適　象　修　解　減

73

漢字を入れよう 12

漢字を使おう　4①

月　日

名前

文を読んで、ぴったりの漢字を入れよう。

① 姉が、高校の入学試験に合□した。

② 計算機で、合計の金□を計算する。

③ 消しゴムをわすれた人に、□してあげる。

④ お金がなく、□しい生活が続く。

⑤ 大会の□決勝に勝ち、決勝に進む。

⑥ おひがんに、先祖の□参りをする。

ヒント　準　額　貧　貸　墓　格

東書5年④

漢字を入れよう　13

名前

文を読んで、ぴったりの漢字を入れよう。

①七十才の□母は、いたって元気だ。

②暗い森の中で、道に□ってしまった。

③文の、主語と□語の関係を考える。

④台風で、りんご農家が□害を受ける。

⑤この寺は、日本一古い木□の建物です。

⑥学校の帰りに、□り道をしてはいけません。

ヒント　造　祖　迷　寄　損　述

月　日

注文の多い料理店②

漢字を入れよう 14

名前

文を読んで、ぴったりの漢字を入れよう。

①火事のときは、□常口からにげましょう。

②マスクで、インフルエンザの流行を□ぐ。

③森の中で、□きのこを見つける。

④人の失敗を、□めてはいけません。

⑤約束を□って、友達の信用を失う。

⑥太い道から、細い道が□分かれしている。

⑦おばは、中学校の教□をしています。

ヒント　責　師　枝　防　破　非　毒

月　日

漢字を使おう 5／どうやって文をつなげればいいの？

漢字を入れよう 15

名前

文を読んで、ぴったりの漢字を入れよう。

① 深海では、水□がとても高い。

② このお店は、元日から□業している。

③ この服は大特□で、千円です。

④ 学校に行くときは、□服を着ていく。

⑤ 大きく成長するように、畑に□料をやる。

⑥ 昔からある、細い□道を歩いた。

⑦ 最終回に、ホームランで□転する。

ヒント　旧　価　肥　圧　逆　営　制

月　日

和の文化を受けつぐ―和菓子をさぐる①

漢字を入れよう 16

名前

文を読んで、ぴったりの漢字を入れよう。

①この町の伝□工業は、和紙作りです。

②小麦□をこねて、パンを作った。

③日本は、外国から多くの品物を□入している。

④町の球□大会に、出場しました。

⑤大きなけがだったので、病院で手□をした。

⑥手すりにつかまって、体を□える。

⑦あなたの血えき□は、何ですか。

ヒント　輸　統　術　技　型　粉　支

東書5年④

78

和の文化を受けつぐ②／和の文化を発信しよう／熟語の構成と意味①

漢字を入れよう 17

名前

文を読んで、ぴったりの漢字を入れよう。

①転校していった友達に、□会する。

②この食品のしょう味期□は、今日までです。

③薬を飲んだが、少しも□き目がない。

④けがをしたので、□健室で手当てをする。

⑤ほ健室には、養□の先生がいてくれる。

⑥父親ががんばって、□と子どもを守る。

⑦自転車で、家と公園を□復した。

ヒント　護　限　再　往　効　妻　保

漢字を入れよう 18

名前

文を読んで、ぴったりの漢字を入れよう。

①今日習った勉強を、家で□習する。

②くわで畑を□して、球根を植えた。

③夏休みに、じゅくの夏期□習を受ける。

④けいむ所で、これまでおかした□をつぐなう。

⑤かまどの中で、メラメラと火が□えている。

⑥算数の宿題を、先生に□出する。

⑦感想文コンクールで入□する。

ヒント　賞　提　耕　燃　復　罪　講

80

漢字を入れよう 19

名前

文を読んで、ぴったりの漢字を入れよう。

①春、入学式には□の花がさいていた。

②おしくも三位で、□メダルをもらった。

③日本は、世界の国々と□易をしている。

④今日のテストは、いつもより□しかった。

⑤算数で、三角定□を使って線を引く。

⑥サッカーでは、ボールを手でさわると反□だ。

ヒント　規　則　易　銅　桜　貿

81 漢字を入れよう 20

大造じいさんとがん

月　日

名前

東書5年④

文を読んで、ぴったりの漢字を入れよう。

①ヒットを二本打ったので、打□が上がった。

②他の国と、□土の問題を話し合う。

③つな引きで、力を合わせてつなを引っ□る。

④白バイが、マラソンランナーを先□して走る。

⑤細かい所を省□して、大まかに書く。

⑥ぼくの家では、犬とねこを□っている。

⑦遠足に行って、公園でお□当を食べた。

⑧食□で、カレーライスを注文する。

ヒント　張　略　率　導　領　堂　弁　飼

82

漢字を入れよう 21

漢字を使おう 6／漢字を使おう 7

月　日

名前

文を読んで、ぴったりの漢字を入れよう。

① □人服売り場で、母のスカートを買った。

② お祭りで、ふわふわの□あめを買いました。

③ 路線バスの停□所で、バスを待つ。

④ 名たんていが、真□人をつきとめた。

⑤ わたしの血□型は、A型です。

⑥ レントゲンで、けがの□度を調べてもらう。

⑦ 戦国時代の□士の、伝記を読む。

ヒント　犯　綿　武　程　液　留　婦

3 学期

83

月　日

いにしえの人のえがく世界／「弱いロボット」だからできること①

かくれたパーツをさがせ 28

名前

かくれたパーツをさがして、完成させよう。

① □以《に(る)》
□《ははおや》に□《に》る。

② 制□《セイ》
□《はは》の□《とくせい》の□《りょうり》。

③ □能《ノウ》
□《おんがく》の□《さいのう》。

④ □正《ショウ》
□《むじつ》を□《しょうめい》する。

⑤ 曲□《ホウ》
□《こめ》が□《ほうさく》だ。

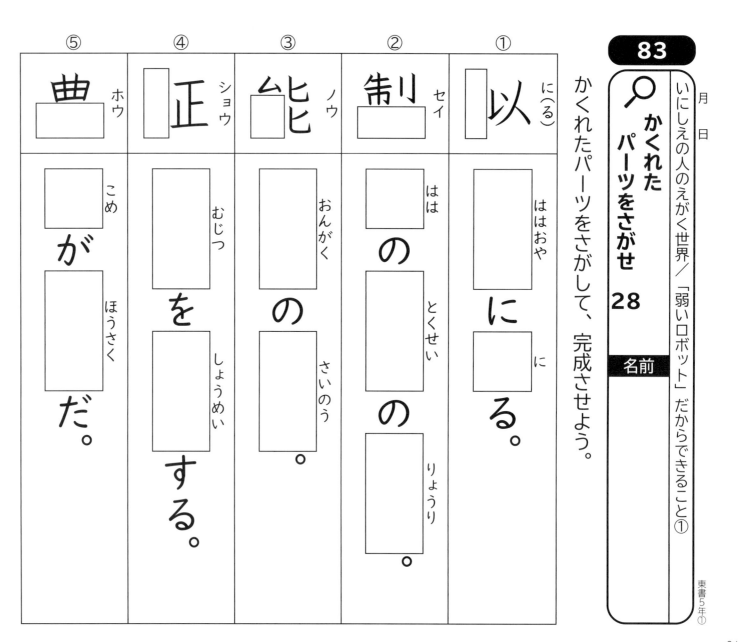

月　日

「弱いロボット」だからできること②／漢字を使おう　8①

84

かくれたパーツをさがせ 29

名前

かくれたパーツをさがして、完成させよう。

①
囗　かこ(む)

□《いえ》を□《と》り□《かこ》む。

②
囗　ダン

□《しゅうだん》で□《げこう》する。

③
□圣　ケイ

□《けいけん》から□《かんが》える。

④
□干　カン

□《しんかんせん》に□《の》る。

⑤
忄□　な(れる)

□《な》れた□《て》つき。

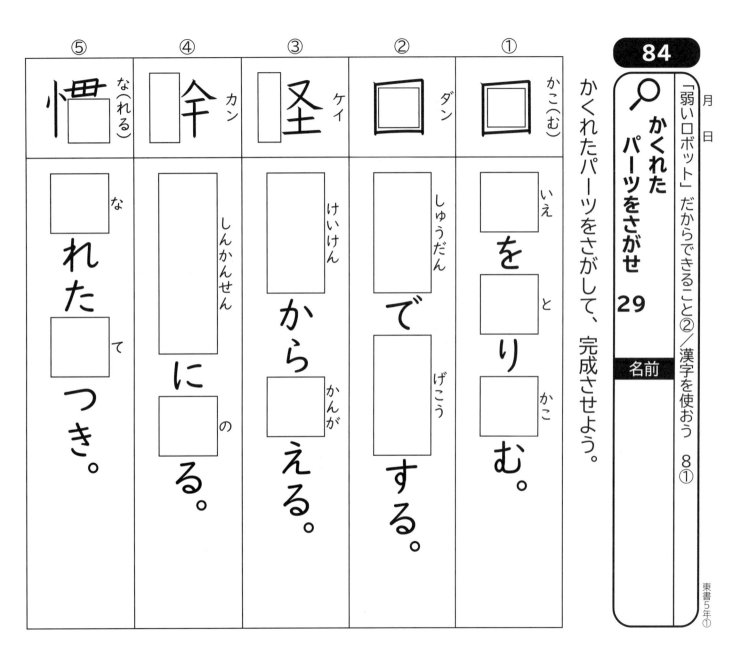

85

かくれたパーツをさがせ 30

漢字を使おう 8②／資料を見て考えたことを話そう

月　日

名前

かくれたパーツをさがして、完成させよう。

① □㑒《ケン》　□《きかい》の□《てんけん》。

② □巩木《チク》　□《がっこう》を□《けんちく》する。

③ □広《コウ》　□《こうざん》で□《てつ》をほる。

④ □𠂢《ミャク》　□《みゃく》はくが□《はや》い。

⑤ 舟亢《コウ》　□《ふね》で□《こうかい》する。

⑥ 弗□《ヒ》　□《しょうひしゃ》が□《か》う。

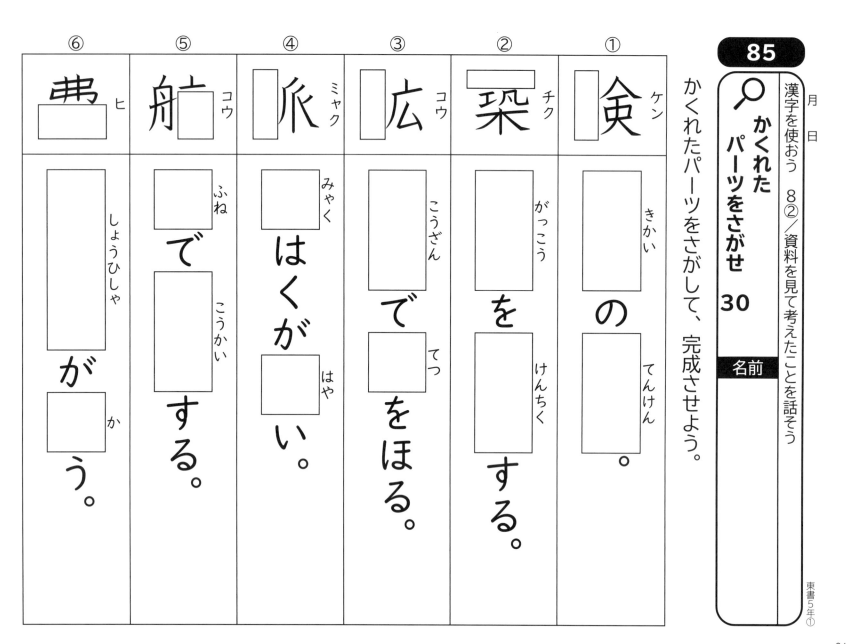

月　日

漢字を使おう　9①

かくれたパーツをさがせ　31

名前

かくれたパーツをさがして、完成させよう。

① □責　セキ

□《さんすう》の□《せいせき》。

② □殳　セツ

□《たてもの》を□《せっけい》する。

③ 尸□　キョ

□《きょうと》へ□《てんきょ》する。

④ 厂日□　あつ(い)

□《あつ》い□《ほん》を□《よ》む。

⑤ □共氺　ボウ

□《ぼうりょく》に□《はんたい》する。

東書5年①

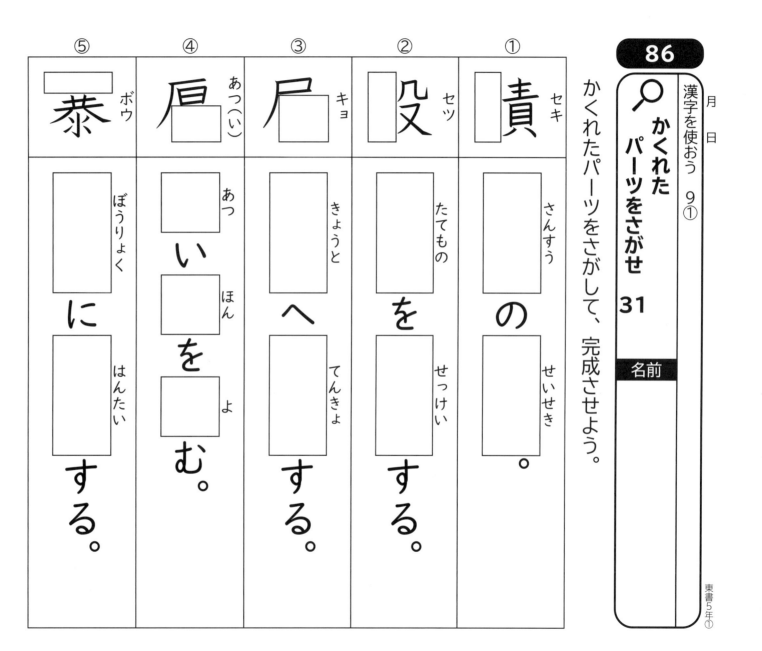

かくれたパーツをさがせ 32

漢字を使おう 9②／手塚治虫①

月　日

名前

かくれたパーツをさがして、完成させよう。

① □午（キョ）

□《とっきょ》を□《と》る□《はつめい》。

② □可（カ）

□《ほうあん》を□《かけつ》する。

③ □射（シャ）

□《かんしゃ》の□《きも》ち。

④ 扌□（サイ）

こん□《ちゅう》□《さいしゅう》

⑤ □平（ヒョウ）

□《だいこうひょう》の□《ほん》。

⑥ □受（ジュ）

□《じゅぎょう》が□《はじ》まる。

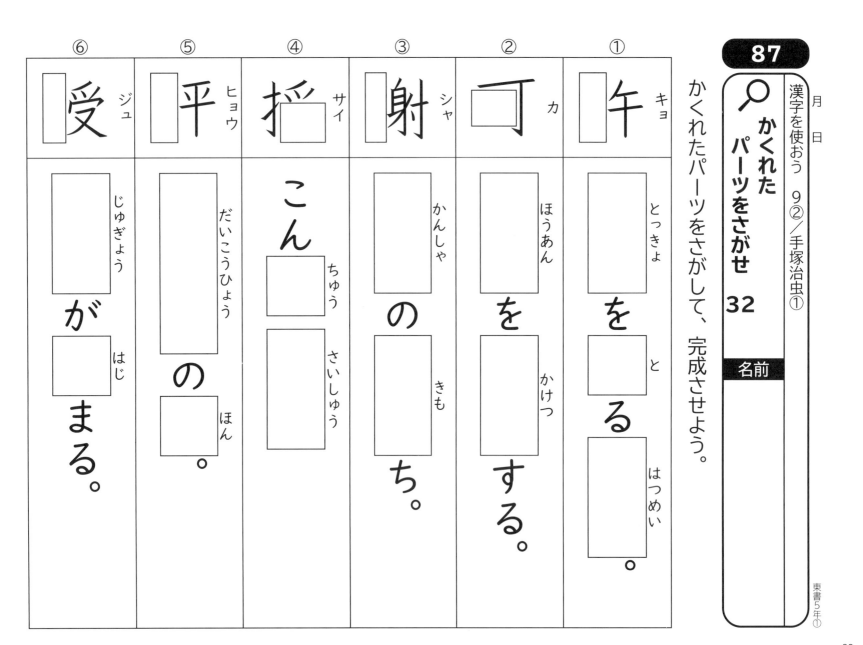

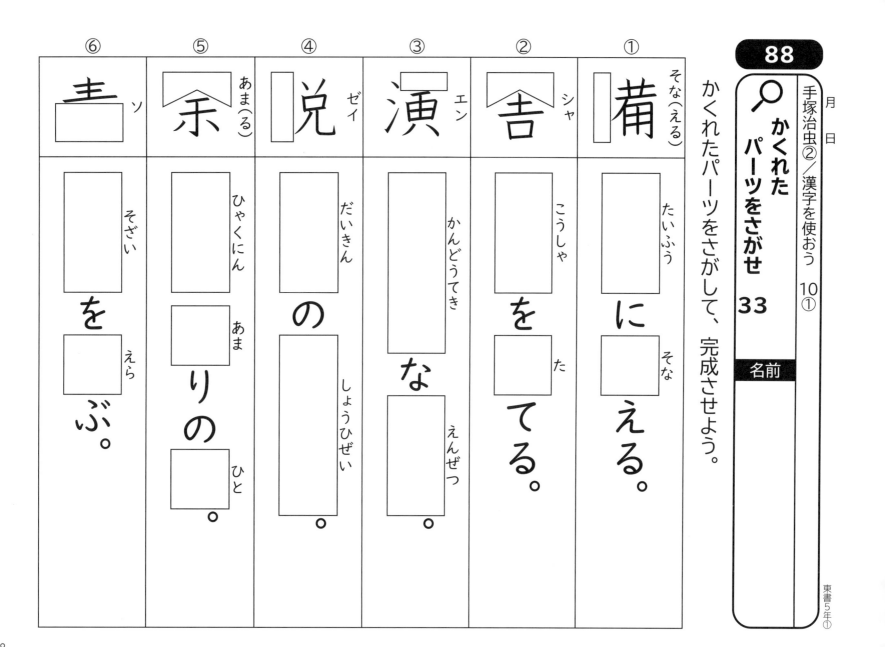

月　日

かくれたパーツをさがせ

33

名前

かくれたパーツをさがして、完成させよう。

① □ そな(える)

□《たいふう》に□《そな》える。

② □ シャ

□《こうしゃ》を□《た》てる。

③ □ エン

□《かんどうてき》な□《えんぜつ》。

④ □ ゼイ

□《だいきん》の□《しょうひぜい》。

⑤ □ あま(る)

□《ひゃくにん》□《あま》りの□《ひと》。

⑥ □ ソ

□《そざい》を□《えら》ぶ。

月　日

かくれたパーツをさがせ 34

名前

かくれたパーツをさがして、完成させよう。

① □才《ザイ》
□《たいせつ》な□《ざいさん》。

② □宁《チョ》
お□《としだま》を□《ちょきん》。

③ ナ□《フ》
□《ちゃいろ》の□《もうふ》。

④ 生□《コク》
□《しんぶん》□《こうこく》を□《み》る。

⑤ 敄□《ム》
□《かんり》□《じむしょ》

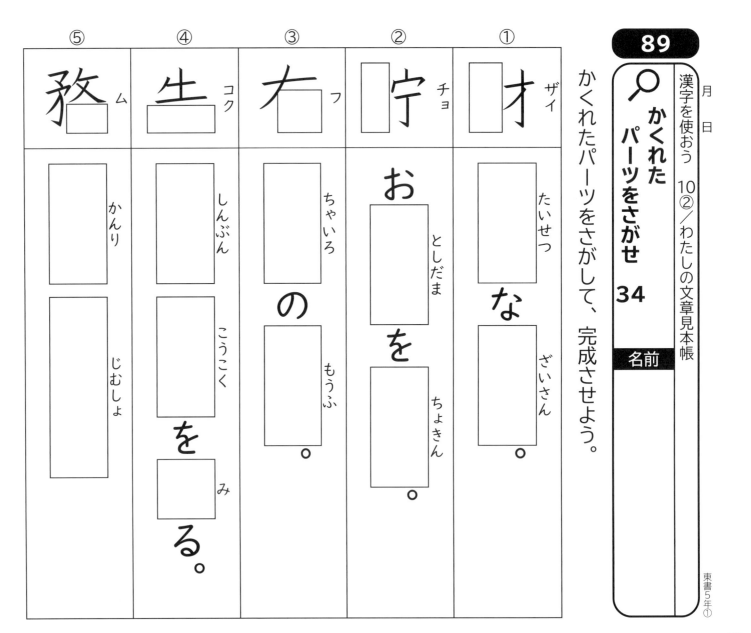

90

月　日

漢字足し算 22

いにしえの人のえがく世界／「弱いロボット」だからできること

名前

漢字の足し算をしよう。

＊答えの漢字でことばを作ろう。

① 亻＋𠃊＋人＝□↓↓↓□

② 𠂉＋刂＋衣＝□↓↓↓□

③ ム＋月＋匕＋匕＝□↓□

④ 言＋正＝□↓↓↓↓↓□

⑤ 曲＋一＋口＋䒑＝□↓□

⑥ 冂＋井＋一＝□↓↓↓□

⑦ 冂＋寸＋一＝□↓↓↓□

⑧ 糸＋又＋土＝□↓↓↓□

東書5年②

91

＋漢字足し算 23

漢字を使おう　8／資料を見て考えたことを話そう

月　日

名前

漢字の足し算をしよう。

＊答えの漢字でことばを作ろう。

① 𠂉 ＋ 人 ＋ 干 ＝ □ → → →

② 忄 ＋ 田 ＋ 貝 ＝ □ → → →

③ 木 ＋ 人 ＋ 夬 ＝ □ → → →

④ ⺮ ＋ 工 ＋ 凡 ＋ 木 ＝ □ →

⑤ 金 ＋ 广 ＋ 厶 ＝ □ → → →

⑥ 月 ＋ 𠂆 ＋ 氏 ＝ □ → → →

⑦ 舟 ＋ 亠 ＋ 几 ＝ □ → → →

⑧ ⺕ ＋ 川 ＋ 貝 ＝ □ → → →

92

月　日

漢字を使おう　9

＋漢字足し算 24

名前

漢字の足し算をしよう。

＊答えの漢字でことばを作ろう。

① 糸＋主＋貝＝□↓↓↓□

② 言＋几＋又＝□↓↓↓□

③ 尸＋十＋口＝□↓↓↓□

④ 厂＋日＋子＝□↓↓↓□

⑤ 日＋廾＋八＋氺＝□↓□

⑥ 言＋厶＋十＝□↓↓↓□

⑦ 一＋口＋亅＝□↓↓↓□

⑧ 言＋身＋寸＝□↓↓↓□

東書5年②

月　日

93

漢字足し算 25

手塚治虫

名前

漢字の足し算をしよう。

＊答えの漢字でことばを作ろう。

① 扌＋爫＋木＝□ ↓ ↓ ↓ ↓ □

② 言＋平＝□ ↓ ↓ ↓ ↓ □

③ 扌＋爫＋冖＋又＝□ ↓ □

④ 亻＋艹＋ノ＋用＝□ ↓ □

⑤ 𠆢＋土＋口＝□ ↓ ↓ ↓ □

⑥ 氵＋宀＋由＋八＝□ ↓ □

東書5年②

94

月　日

漢字を使おう　10／わたしの文章見本帳

東書5年②

漢字足し算　26

名前

漢字の足し算をしよう。

＊答えの漢字でことばを作ろう。

① 禾＋ソ＋兄＝□→→→→□

② 𠆢＋二＋小＝□→→→→□

③ 圭＋幺＋小＝□→→→→□

④ 目＋八＋才＝□→→→→□

⑤ 貝＋⺌＋丁＝□→→→→□

⑥ ナ＋巾＝□→→→→□

⑦ ノ＋土＋口＝□→→→→□

⑧ 矛＋攵＋力＝□→→→→□

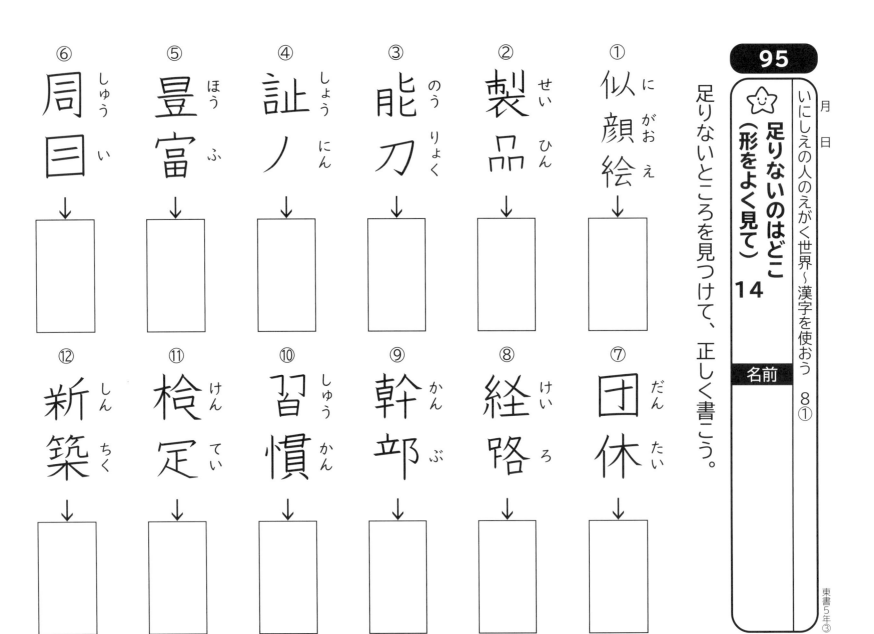

月　日

いにしえの人のえがく世界～漢字を使おう　8①

足りないのはどこ（形をよく見て）14

名前

足りないところを見つけて、正しく書こう。

① 似《に》顔《がお》絵《え》 ↓ □

② 製《せい》品《ひん》 ↓ □

③ 能《のう》力《りょく》 ↓ □

④ 証《しょう》人《にん》 ↓ □

⑤ 豊《ほう》富《ふ》 ↓ □

⑥ 周《しゅう》囲《い》 ↓ □

⑦ 団《だん》体《たい》 ↓ □

⑧ 経《けい》路《ろ》 ↓ □

⑨ 幹《かん》部《ぶ》 ↓ □

⑩ 習《しゅう》慣《かん》 ↓ □

⑪ 検《けん》定《てい》 ↓ □

⑫ 新《しん》築《ちく》 ↓ □

漢字を使おう　8②～手塚治虫①

月　日

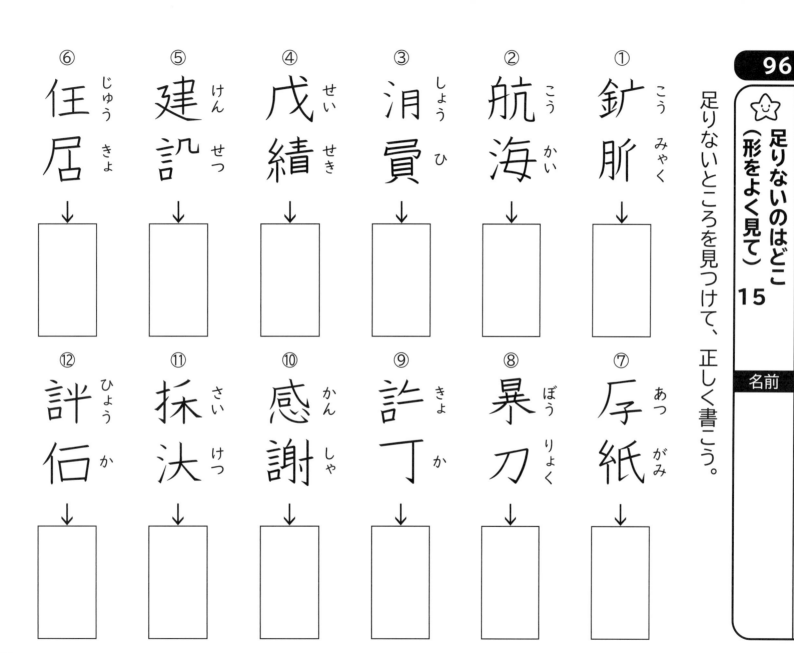

足りないのはどこ（形をよく見て）15

名前

足りないところを見つけて、正しく書こう。

① 鉱《こう》脈《みゃく》↓

② 航《こう》海《かい》↓

③ 消《しょう》費《ひ》↓

④ 戊《せい》績《せき》↓

⑤ 建《けん》設《せつ》↓

⑥ 任《じゅう》居《きょ》↓

⑦ 厚《あつ》紙《がみ》↓

⑧ 暴《ぼう》刀《りょく》↓

⑨ 許《きょ》丁《か》↓

⑩ 感《かん》謝《しゃ》↓

⑪ 採《さい》決《けつ》↓

⑫ 評《ひょう》価《か》↓

月　日

手塚治虫②／漢字を使おう10／わたしの文章見本帳

足りないのはどこ（形をよく見て）16

名前

足りないところを見つけて、正しく書こう。

①　教《きょう》授《じゅ》 ↓ □

②　予《よ》備《び》 ↓ □

③　宿《しゅく》舎《しゃ》 ↓ □

④　演《えん》説《ぜつ》 ↓ □

⑤　税《ぜい》金《きん》 ↓ □

⑥　余《よ》分《ぶん》 ↓ □

⑦　素《そ》材《ざい》 ↓ □

⑧　文《ぶん》化《か》財《ざい》 ↓ □

⑨　貯《ちょ》水《すい》池《ち》 ↓ □

⑩　分《ぶん》布《ぷ》 ↓ □

⑪　予《よ》告《こく》 ↓ □

⑫　事《じ》務《む》 ↓ □

漢字を入れよう 22

名前

文を読んで、ぴったりの漢字を入れよう。

①ぼくと兄は、顔がよく□ている。

②父が、特□のハンバーグを作ってくれた。

③兄はスポーツの才□があり、何でもできる。

④この人の無実は、わたしが□明します。

⑤天候が良く、今年はお米が大□作です。

⑥家族全員で、なべを□んで食べた。

⑦あぶなくないように、集□で下校する。

⑧いろいろなことを□験すると、勉強になる。

ヒント　囲　製　経　豊　似　能　証　団

月　日

漢字を使おう　8／資料を見て考えたことを話そう

漢字を入れよう 23

名前

文を読んで、ぴったりの漢字を入れよう。

①東海道新□線に乗って、東京に行く。

②ひと月たち、新しい学校生活にも□れてきた。

③機械がこわれていないか、点□をする。

④駅前で、新しいビルが建□中です。

⑤ここには昔、炭□があって石炭をほっていた。

⑥お医者さんが、手首の□をはかる。

⑦太平洋を、大きな客船で□海する。

⑧この会の年会□は、三千円です。

ヒント　検　航　脈　費　慣　幹　築　鉱

100

漢字を使おう 9

月　日

漢字を入れよう 24

名前

文を読んで、ぴったりの漢字を入れよう。

① 勉強したおかげで、算数の成□が上がった。

② エアコンの□定温度を高くする。

③ 大昔の、住□のあとが発見された。

④ 二百ページもある、分□い本を読む。

⑤ 大きな音におどろいて、馬が□れた。

⑥ 何回もあやまって、□してもらう。

⑦ そんなことは、ぜったいに不□能だ。

⑧ 助けてくれた人に、感□の気持ちを伝える。

ヒント　可　許　設　居　厚　謝　績　暴

東書5年④

101

漢字を入れよう 25

手塚治虫

月　日

名前

文を読んで、ぴったりの漢字を入れよう。

①家のうら山で、こん虫□集をした。

②母の料理はおいしいと、みんなに好□だ。

③チャイムが鳴って、□業が始まった。

④台風に□えて、きちんと戸じまりをする。

⑤学校の校□が古くなったので、建てかえた。

⑥今日、ダンスの公□が行われる。

ヒント　採　備　評　演　舎　授

東書5年④

102

漢字を入れよう 26

漢字を使おう 10／わたしの文章見本帳

月　日

名前

文を読んで、ぴったりの漢字を入れよう。

①買い物をすると、代金に消費□がかかる。

②会場には、百人□りの人が集まった。

③ダイヤモンドは、炭□からできている。

④お金をかせいで、□産をたくわえる。

⑤もらったお年玉を、全部□金する。

⑥寒いので、毛□にくるまって温まる。

⑦にわとりの鳴き声が、朝を□げる。

⑧気分が悪くなり、医□室で手当てを受ける。

ヒント　余　財　税　告　貯　務　素　布

東書5年④

答え

（解答例）

1

おにぎり石の伝説①　月　日

1 かくれたパーツをさがせ 1

名前

かくれたパーツをさがして、完成させよう。

① 確《カク》　正確《せいかく》に聞《き》き取《と》る。

② 現《ゲン》　現場《げんば》に着《つ》く。

③ 個《コ》　個人的《こじんてき》な関係《かんけい》。

④ 複《フク》　複数《ふくすう》の問題《もんだい》。

⑤ 絶《ゼツ》　絶対《ぜったい》に勝《か》つ。

⑥ 句《ク》　語句《ごく》の意味《いみ》。

東書5年①

2

おにぎり石の伝説②／漢字を使おう 1①　月　日

2 かくれたパーツをさがせ 2

名前

かくれたパーツをさがして、完成させよう。

① 夢《ゆめ》　楽《たの》しい夢《ゆめ》を見《み》る。

② 久《キュウ》　持久力《じきゅうりょく》の勝負《しょうぶ》。

③ 情《ジョウ》　愛情《あいじょう》を感《かん》じる。

④ 像《ゾウ》　未来《みらい》を想像《そうぞう》する。

⑤ 増《ふ(える)》　草花《くさばな》が増《ふ》える。

⑥ 益《エキ》　利益《りえき》をあげる。

3

漢字を使おう 1②　月　日

3 かくれたパーツをさがせ 3

名前

かくれたパーツをさがして、完成させよう。

① 境《キョウ》　国境《こっきょう》をこえる。

② 義《ギ》　正義《せいぎ》の味方《みかた》。

③ 衛《エイ》　人工《じんこう》衛星《えいせい》

④ 眼《ガン》　肉眼《にくがん》で見《み》える。

⑤ 救《キュウ》　救急車《きゅうきゅうしゃ》で運《はこ》ぶ。

⑥ 停《テイ》　電車《でんしゃ》の停車駅《ていしゃえき》。

東書5年①

4

図しょ館へ行こう　月　日

4 かくれたパーツをさがせ 4

名前

かくれたパーツをさがして、完成させよう。

① 応《オウ》　取材《しゅざい》に応《おう》じる。

② 資《シ》　資料《しりょう》を集《あつ》める。

③ 在《ザイ》　実在《じつざい》する人物《じんぶつ》。

④ 査《サ》　健康《けんこう》調査《ちょうさ》をする。

⑤ 報《ホウ》　報《ほう》こく書《しょ》を書《か》く。

東書5年①

1学期の答え 5〜8

5

5
月　日
知りたいことを聞き出そう／敬語
かくれたパーツをさがせ 5
名前

かくれたパーツをさがして、完成させよう。

- ① 得 トク　けん玉《だま》が得意《とくい》だ。
- ② 際 サイ　国際《こくさい》会議場《かいぎじょう》
- ③ 質 シツ　先生《せんせい》に質問《しつもん》する。
- ④ 移 イ　本箱《ほんばこ》を移動《いどう》する。
- ⑤ 総 ソウ　総合点《そうごうてん》の計算《けいさん》。
- ⑥ 容 ヨウ　内容《ないよう》を考《かんが》える。

東書5年①

14

6

6
月　日
インターネットは冒けんだ①
かくれたパーツをさがせ 6
名前

かくれたパーツをさがして、完成させよう。

- ① 険 ケン　険悪《けんあく》な空気《くうき》。
- ② 属 ゾク　銀色《ぎんいろ》の金属《きんぞく》。
- ③ 士 シ　電車《でんしゃ》の運転士《うんてんし》。
- ④ 混 ま(ぜる)　色水《いろみず》を混《ま》ぜる。
- ⑤ 災 サイ　火災《かさい》が発生《はっせい》する。
- ⑥ 因 イン　原因《げんいん》をさぐる。

東書5年①

15

7

7
月　日
インターネットは冒険だ②／漢字を使おう 2①
かくれたパーツをさがせ 7
名前

かくれたパーツをさがして、完成させよう。

- ① 興 キョウ　興味《きょうみ》深《ぶか》い話《はなし》。
- ② 過 す(ごす)　家《いえ》で過《す》ごす人《ひと》。
- ③ 性 セイ　男性《だんせい》と女性《じょせい》。
- ④ 構 コウ　構成《こうせい》を変《か》える。
- ⑤ 接 セツ　直接《ちょくせつ》会《あ》う。
- ⑥ 示 しめ(す)　表《ひょう》で示《しめ》す。

東書5年①

16

8

8
月　日
漢字を使おう 2②／地域のみりょくを伝えよう
かくれたパーツをさがせ 8
名前

かくれたパーツをさがして、完成させよう。

- ① 禁 キン　立《た》ち入《い》り禁止《きんし》。
- ② 雑 ザツ　庭《にわ》の雑草《ざっそう》を取《と》る。
- ③ 酸 サン　酸味《さんみ》が強《つよ》い。
- ④ 独 ドク　首位《しゅい》を独走《どくそう》する。
- ⑤ 快 カイ　雲《くも》一つない快晴《かいせい》。
- ⑥ 識 シキ　知識《ちしき》を深《ふか》める。

東書5年①

17

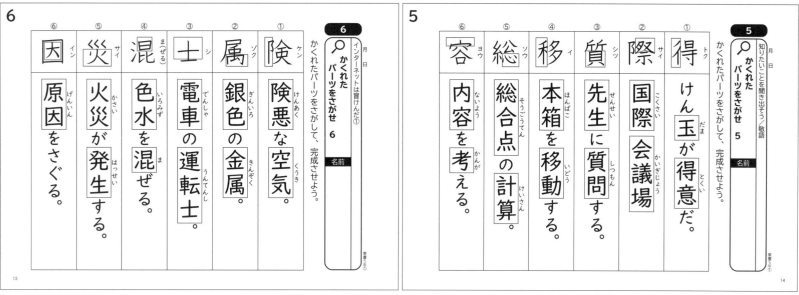

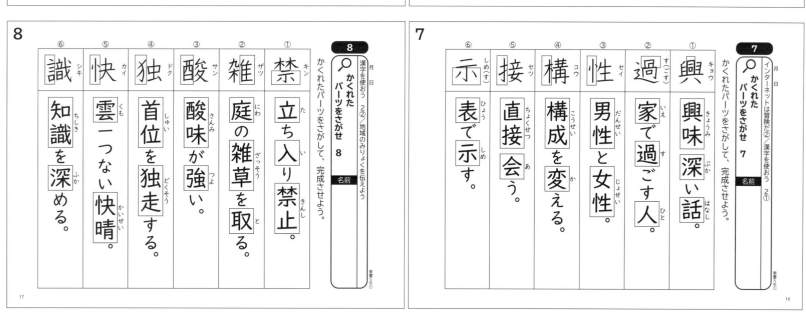

9

9 月 日 漢字の成り立ち

かくれたパーツをさがせ 9

名前

かくれたパーツをさがして、完成させよう。

① 潔《ケツ》　清潔《せいけつ》な台所《だいどころ》。

② 比《くら(べる)》　大小《だいしょう》を比《くら》べる。

③ 河《カ》　銀河《ぎんが》鉄道《てつどう》

④ 精《セイ》　精神《せいしん》を集中《しゅうちゅう》する。

⑤ 版《ハン》　版画《はんが》の作品《さくひん》。

東書5年①

10

10 月 日 いにしえの言葉に親しもう

かくれたパーツをさがせ 10

名前

かくれたパーツをさがして、完成させよう。

① 勢《セイ》　人《ひと》が大勢《おおぜい》集《あつ》まる。

② 織《シキ》　織物《おりもの》の産地《さんち》。

③ 紀《キ》　二十一世紀《せいき》

④ 永《エイ》　永遠《えいえん》に続《つづ》く話《はなし》。

⑤ 志《シ》　強《つよ》い意志《いし》を持《も》つ。

東書5年①

11

11 月 日 世界でいちばんやかましい音

かくれたパーツをさがせ 11

名前

かくれたパーツをさがして、完成させよう。

① 歴《レキ》　歴代《れきだい》の社長《しゃちょう》。

② 史《シ》　日本史《にほんし》の勉強《べんきょう》。

③ 喜《よろこ(ぶ)》　勝《か》って喜《よろこ》ぶ。

④ 賛《サン》　賛成《さんせい》理由《りゆう》を言《い》う。

⑤ 職《ショク》　焼《や》き物《もの》の職人《しょくにん》。

⑥ 任《ニン》　代表《だいひょう》に任命《にんめい》する。

東書5年①

12

12 月 日 漢字を使おう 3

かくれたパーツをさがせ 12

名前

かくれたパーツをさがして、完成させよう。

① 仏《ほとけ》　仏様《ほとけさま》の顔《かお》。

② 招《ショウ》　家《いえ》に招待《しょうたい》する。

③ 状《ジョウ》　一位《いちい》のしょう状《じょう》。

④ 殺《ころ(す)》　薬《くすり》で虫《むし》を殺《ころ》す。

⑤ 態《タイ》　態度《たいど》を改《あらた》める。

東書5年①

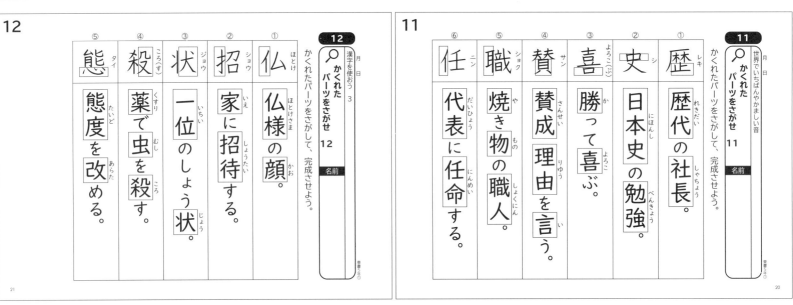

13

思考に関わる言葉／新聞記事を読み比べよう①

月　日

かくれたパーツをさがせ　13

名前

かくれたパーツをさがして、完成させよう。

① 仮《カ》　仮面《かめん》の内側《うちがわ》。

② 断《ダン》　無断《むだん》で外出《がいしゅつ》する。

③ 判《ハン》　野球《やきゅう》のしん判《ぱん》。

④ 測《ソク》　天体《てんたい》を観測《かんそく》する。

⑤ 条《ジョウ》　外国《がいこく》との条約《じょうやく》。

⑥ 常《ジョウ》　平常《へいじょう》通《どお》り。

東書5年①

22

14

新聞記事を読み比べよう②

月　日

かくれたパーツをさがせ　14

名前

かくれたパーツをさがして、完成させよう。

① 均《キン》　平均《へいきん》気温の記録《きろく》。

② 件《ケン》　事件《じけん》を調《しら》べる。

③ 故《コ》　自動車《じどうしゃ》の事故《じこ》。

④ 政《セイ》　政治《せいじ》は大切《たいせつ》です。

⑤ 編《ヘン》　新聞《しんぶん》を編集《へんしゅう》する。

⑥ 刊《カン》　朝刊《ちょうかん》と夕刊《ゆうかん》。

東書5年①

23

15

おにぎり石の伝説①

月　日

漢字足し算　1

名前

漢字の足し算をしよう。

＊答えの漢字でことばを作ろう。

① 石＋冖＋隹＝確 → 確実

② 王＋目＋儿＝現 → 現金

③ 亻＋冂＋古＋一＝個 → 個数

④ 衤＋𠂉＋日＋夂＝複 → 複数

⑤ 糸＋⺈＋巴＝絶 → 絶望

⑥ 勹＋口＝句 → 文句

⑦ 艹＋罒＋冖＋夕＝夢 → 夢中

⑧ ク＋㇏＝久 → 持久走

東書5年②

24

16

おにぎり石の伝説②／漢字を使おう1①

月　日

漢字足し算　2

名前

漢字の足し算をしよう。

＊答えの漢字でことばを作ろう。

① 忄＋龶＋月＝情 → 情熱

② 亻＋⺈＋罒＋豕＝像 → 画像

③ 土＋丷＋田＋日＝増 → 増加

④ 丷＋一＋八＋皿＝益 → 利益

⑤ 土＋立＋日＋儿＝境 → 境界

⑥ 𦍌＋手＋戈＝義 → 意義

⑦ 彳＋吾＋干＋亍＝衛 → 守衛

⑧ 目＋⺕＋く＝眼 → 近眼

東書5年②

25

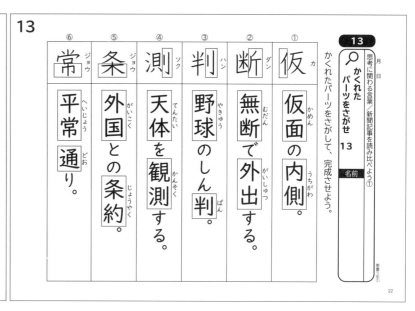

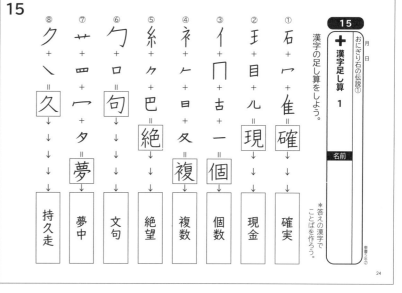

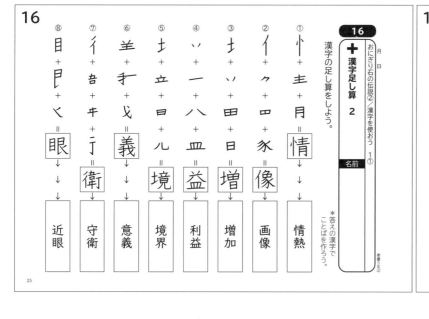

17

17 漢字足し算 3

漢字を使おう 1②／図書館へ行こう／知りたいことを聞き出そう①

月　日　名前

漢字の足し算をしよう。

＊答えの漢字でことばを作ろう。

① 求＋攵＝救 → 救助
② 亻＋古＋冖＋丁＝停 → 停電
③ 广＋心＝応 → 応用
④ 冫＋欠＋貝＝資 → 資料
⑤ ナ＋｜＋土＝在 → 不在
⑥ 木＋日＋一＝査 → 調査
⑦ 土＋𢆉＋卩＋又＝報 → 報道
⑧ 彳＋日＋一＋寸＝得 → 得点

東書5年②

18

18 漢字足し算 4

知りたいことを聞き出そう②／敬語／インターネットは冒けんだ①

月　日　名前

漢字の足し算をしよう。

＊答えの漢字でことばを作ろう。

① 阝＋夕＋又＋示＝際 → 実際
② 斤＋斤＋貝＝質 → 体質
③ 禾＋夕＋夕＝移 → 移転
④ 糸＋公＋心＝総 → 総合
⑤ 宀＋𠆢＋口＝容 → 容量
⑥ 阝＋人＋㚒＝険 → 険悪
⑦ 厂＋丿＋口＋禸＝属 → 金属
⑧ 十＋一＝士（別解 土） → 運転士

東書5年②

19

19 漢字足し算 5

インターネットは冒険だ②

月　日　名前

漢字の足し算をしよう。

＊答えの漢字でことばを作ろう。

① 氵＋日＋比＝混 → 混同
② 巛＋丷＋人＝災 → 災害
③ 冂＋大＋一＝因 → 要因
④ ⺊＋同＋彐＋六＝興 → 興味
⑤ 冂＋冋＋辶＝過 → 過去
⑥ 忄＋生＝性 → 習性
⑦ 木＋井＋冉＝構 → 構成
⑧ 扌＋立＋女＝接 → 接続

東書5年②

20

20 漢字足し算 6

漢字を使おう 2／地域のみりょくを伝えよう／漢字の成り立ち①

月　日　名前

漢字の足し算をしよう。

＊答えの漢字でことばを作ろう。

① 二＋小＝示 → 指示
② 木＋木＋示＝禁 → 禁止
③ 九＋木＋隹＝雑 → 雑木林
④ 酉＋厶＋儿＋夂＝酸 → 炭酸
⑤ 犭＋中＋一＝独 → 独自
⑥ 忄＋コ＋人＝快 → 軽快
⑦ 言＋音＋戈＝識 → 意識
⑧ 氵＋丰＋刀＋糸＝潔 → 潔白

東書5年②

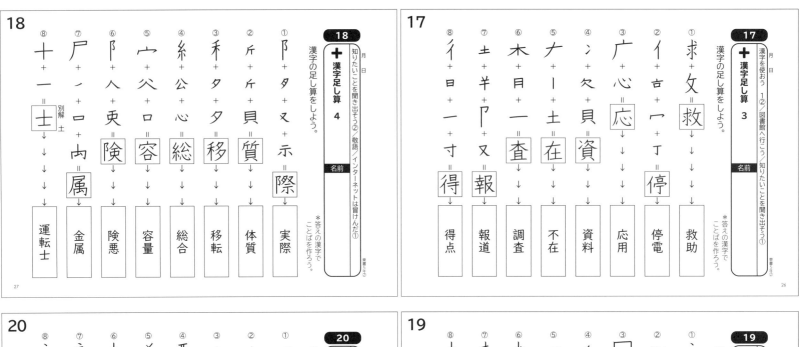

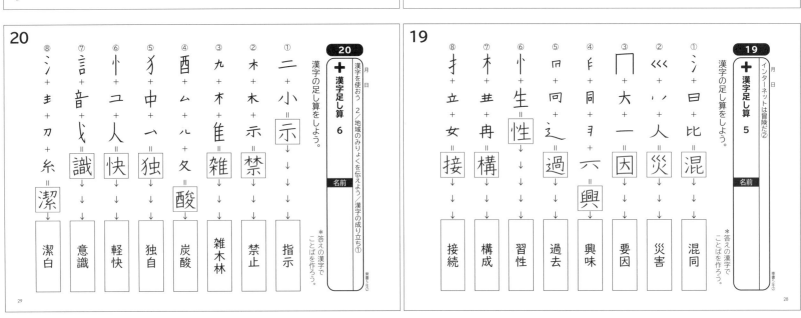

21

21 漢字足し算 7

漢字の成り立ち②／いにしえの言葉に親しもう①

月　日　名前

漢字の足し算をしよう。

① ヒ＋匕＝比 → 比例
② 氵＋口＋亅＝河 → 運河
③ 米＋龶＋月＝精 → 精神
④ 片＋厂＋又＝版 → 出版
⑤ 𡗗＋土＋丸＋力＝勢 → 勢力
⑥ 糸＋音＋戈＝織 → 織物
⑦ 糸＋己＝紀 → 紀行文
⑧ 丶＋亅＋八＝永 → 永遠

＊答えの漢字でことばを作ろう。

東書5年②

22

22 漢字足し算 8

いにしえの言葉に親しもう②～漢字を使おう 3①

月　日　名前

漢字の足し算をしよう。

① 士＋心＝志 → 意志
② 厂＋林＋止＝歴 → 歴代
③ 口＋人＝史 → 日本史
④ 士＋口＋䒑＋口＝喜 → 喜ぶ
⑤ 夫＋夫＋貝＝賛 → 賛成
⑥ 耳＋音＋戈＝職 → 職業
⑦ 亻＋丿＋士＝任 → 任命
⑧ 亻＋ム＝仏 → 大仏

＊答えの漢字でことばを作ろう。

東書5年②

23

23 漢字足し算 9

漢字を使おう 3②／思考に関わる言葉①

月　日　名前

漢字の足し算をしよう。

① 扌＋刀＋口＝招 → 招待
② 丬＋大＋丶＝状 → 状態
③ 乂＋木＋殳＝殺 → 殺風景
④ ム＋月＋𠤎＋心＝態 → 態度
⑤ 亻＋厂＋又＝仮 → 仮面
⑥ 米＋L＋斤＝断 → 無断
⑦ 丷＋牛＋刂＝判 → 判決
⑧ 氵＋貝＋刂＝測 → 計測

＊答えの漢字でことばを作ろう。

東書5年②

24

24 漢字足し算 10

思考に関わる言葉②／新聞記事を読み比べよう

月　日　名前

漢字の足し算をしよう。

① 夂＋木＝条 → 条約
② ⺌＋口＋巾＝常 → 常温
③ 土＋勹＋冫＝均 → 均等
④ 亻＋牛＝件 → 用件
⑤ 古＋攵＝故 → 事故
⑥ 正＋攵＝政 → 政府
⑦ 糸＋戸＋冊＝編 → 編集
⑧ 干＋刂＝刊 → 新刊

＊答えの漢字でことばを作ろう。

東書5年②

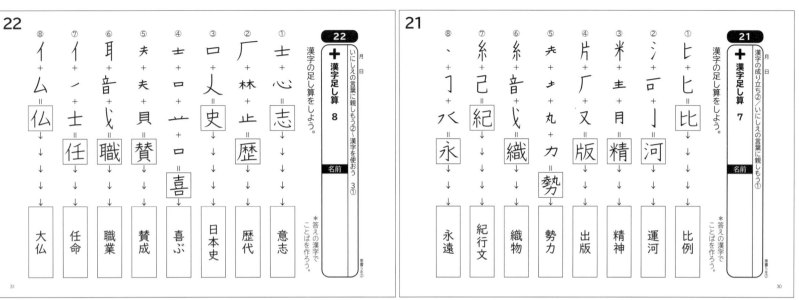

25

25 月 日 おにぎり石の伝説／漢字を使おう 1①

足りないのはどこ（形をよく見て）1

名前

足りないところを見つけて、正しく書こう。

① 確《かく》実《じつ》 → 確実
② 現《げん》全《きん》 → 現金
③ 個《こ》数《すう》 → 個数
④ 複《ふく》数《すう》 → 複数
⑤ 絶《ぜつ》望《ぼう》 → 絶望
⑥ 文《もん》可《く》 → 文句
⑦ 夢《む》口《ちゅう》 → 夢中
⑧ 持《じ》久《きゅう》走《そう》 → 持久走
⑨ 情《じょう》熱《ねつ》 → 情熱
⑩ 画《が》像《ぞう》 → 画像
⑪ 増《ぞう》加《か》 → 増加
⑫ 利《り》益《えき》 → 利益

東書5年③

26

26 月 日 漢字を使おう 1②／図書館へ行こう

足りないのはどこ（形をよく見て）2

名前

足りないところを見つけて、正しく書こう。

① 境《きょう》界《かい》 → 境界
② 意《い》義《ぎ》 → 意義
③ 守《しゅ》衛《えい》 → 守衛
④ 近《きん》眼《がん》 → 近眼
⑤ 救《きゅう》助《じょ》 → 救助
⑥ 停《てい》電《でん》 → 停電
⑦ 応《おう》月《よう》 → 応用
⑧ 資《し》料《りょう》 → 資料
⑨ 下《ふ》左《ざい》 → 不在
⑩ 調《ちょう》査《さ》 → 調査
⑪ 報《ほう》道《どう》 → 報道

東書5年③

27

27 月 日 知りたいことを聞き出そう／敬語／インターネットは冒けんだ①

足りないのはどこ（形をよく見て）3

名前

足りないところを見つけて、正しく書こう。

① 得《とく》点《てん》 → 得点
② 実《じっ》際《さい》 → 実際
③ 体《たい》質《しつ》 → 体質
④ 移《い》転《てん》 → 移転
⑤ 総《そう》合《ごう》 → 総合
⑥ 容《よう》量《りょう》 → 容量
⑦ 険《けん》悪《あく》 → 険悪
⑧ 全《きん》属《ぞく》 → 金属
⑨ 運《うん》転《てん》士《し》 → 運転士
⑩ 混《こん》同《どう》 → 混同
⑪ 災《さい》害《がい》 → 災害

東書5年③

28

28 月 日 インターネットは冒険だ②／漢字を使おう 2

足りないのはどこ（形をよく見て）4

名前

足りないところを見つけて、正しく書こう。

① 要《よう》因《いん》 → 要因
② 興《きょう》味《み》 → 興味
③ 過《か》去《こ》 → 過去
④ 習《しゅう》性《せい》 → 習性
⑤ 構《こう》成《せい》 → 構成
⑥ 接《せつ》続《ぞく》 → 接続
⑦ 指《し》示《じ》 → 指示
⑧ 禁《きん》止《し》 → 禁止
⑨ 雑《ぞう》木《き》林《ばやし》 → 雑木林
⑩ 炭《たん》酸《さん》 → 炭酸
⑪ 独《どく》目《じ》 → 独自
⑫ 軽《けい》快《かい》 → 軽快

東書5年③

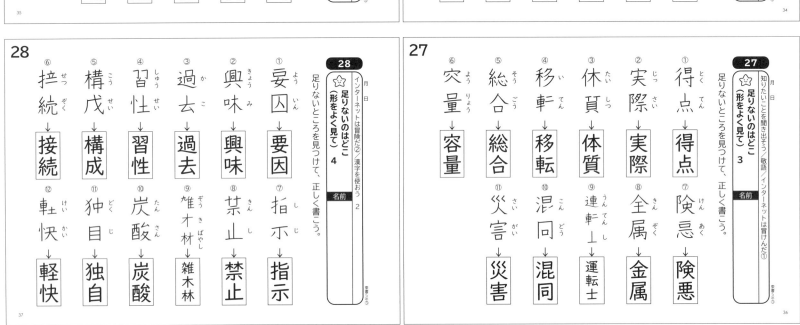

29

29 月 日

地域のみりょくを伝えよう／漢字の成り立ち／いにしえの言葉に親しもう

足りないのはどこ（形をよく見て）5

名前

足りないところを見つけて、正しく書こう。

① 意識《いしき》 → 意識
② 潔白《けっぱく》 → 潔白
③ 比例《ひれい》 → 比例
④ 運河《うんが》 → 運河
⑤ 精神《せいしん》 → 精神
⑥ 出版《しゅっぱん》 → 出版
⑦ 勢力《せいりょく》 → 勢力
⑧ 織物《おりもの》 → 織物
⑨ 紀行文《きこうぶん》 → 紀行文
⑩ 永遠《えいえん》 → 永遠
⑪ 意志《いし》 → 意志

東書5年③

30

30 月 日

世界でいちばんやかましい音／漢字を使おう3

足りないのはどこ（形をよく見て）6

名前

足りないところを見つけて、正しく書こう。

① 歴代《れきだい》 → 歴代
② 日本史《にほんし》 → 日本史
③ 喜《よろこ》ぶ → 喜ぶ
④ 賛成《さんせい》 → 賛成
⑤ 職業《しょくぎょう》 → 職業
⑥ 任命《にんめい》 → 任命
⑦ 大仏《だいぶつ》 → 大仏
⑧ 招待《しょうたい》 → 招待
⑨ 状態《じょうたい》 → 状態
⑩ 殺風景《さっぷうけい》 → 殺風景
⑪ 態度《たいど》 → 態度

東書5年③

31

31 月 日

思考に関わる言葉／しん聞記じを読み比べよう

足りないのはどこ（形をよく見て）7

名前

足りないところを見つけて、正しく書こう。

① 仮面《かめん》 → 仮面
② 無断《むだん》 → 無断
③ 判決《はんけつ》 → 判決
④ 計測《けいそく》 → 計測
⑤ 条約《じょうやく》 → 条約
⑥ 常温《じょうおん》 → 常温
⑦ 均等《きんとう》 → 均等
⑧ 用件《ようけん》 → 用件
⑨ 事故《じこ》 → 事故
⑩ 政府《せいふ》 → 政府
⑪ 編集《へんしゅう》 → 編集
⑫ 新刊《しんかん》 → 新刊

東書5年③

32

32 月 日

おにぎり石の伝説①

漢字を入れよう 1

名前

文を読んで、ぴったりの漢字を入れよう。

① まちがいないか、もう一度［確］かめましょう。
② 知らない人が、いきなり目の前に［現］れた。
③ このリンゴは一［個］、百円で買った。
④ 一人だけでなく、［複］数の人の意見を聞く。
⑤ そんなことをするのは、［絶］対にいやだ。
⑥ 知らない語［句］の意味を、調べましょう。
⑦ ねている間に、とてもこわい［夢］を見た。
⑧ このプールで泳ぐのは、［久］しぶりだ。

ヒント 個 久 絶 現 確 句 複 夢

東書5年④

33

33

月 日

おにぎり石の伝説②／漢字を使おう 1①

漢字を入れよう 2

名前

文を読んで、ぴったりの漢字を入れよう。

①にこにこと、明るい表情をする。

②その動物は、想像した以上に大きかった。

③この辺りは、人が増えてにぎやかになった。

④会社は今年度、大きな利益をあげた。

⑤戦争が起こり、国境をこえてひなんする。

⑥悪者をやっつける、正義の味方が登場する。

⑦夜空に、人工衛星が光っている。

⑧目が赤かったので、眼科に行った。

ヒント 衛 境 義 眼 像 増 情 益

東書5年④

34

34

月 日

漢字を使おう 1②／図書館へ行こう／知りたいことを聞き出そう①

漢字を入れよう 3

名前

文を読んで、ぴったりの漢字を入れよう。

①けがをした人が、救急車で運ばれる。

②バス停で、二列にならんで待つ。

③必要に応じて、写真や図を見せましょう。

④研究に必要な、資料を集める。

⑤その物語は、実在した人物を題材にしている。

⑥健康についての、アンケート調査を行う。

⑦調べた結果をまとめて報告する。

⑧シュートを決めて、得意な顔をする。

ヒント 停 報 救 応 得 資 在 査

東書5年④

35

35

月 日

知りたいことを聞き出そう②／敬語／インターネットは冒けんだ①

漢字を入れよう 4

名前

文を読んで、ぴったりの漢字を入れよう。

①アメリカの友人に、国際電話をかける。

②分からないことを、先生に質問する。

③よく見えないので、前の席に移る。

④日本の総理大臣が、アメリカに行く。

⑤四角い容器に、おべんとうをつめる。

⑥ちょう上を目指して、険しい山道を登る。

⑦これは、とてもかたい金属でできている。

⑧すもうの力士が、土ひょうに上がる。

ヒント 質 険 属 容 士 移 総 際

東書5年⑤

36

36

月 日

インターネットは冒険だ②

漢字を入れよう 5

名前

文を読んで、ぴったりの漢字を入れよう。

①青色と黄色を混ぜると、緑色になる。

②火災にそなえて、ひなん訓練を行う。

③失敗した原因を、はっきりさせる。

④いろいろな読み物に、興味を持って読む。

⑤特急電車が、小さな駅を通過する。

⑥この車両は、女性せん用車両です。

⑦バッターボックスで、バットを構える。

⑧その試合は、一点差の接戦で負けた。

ヒント 災 接 構 興 因 性 過 混

東書5年⑤

37

月　日

漢字を使おう 2／地域のみりょくを伝えよう／漢字の成り立ち①

漢字を入れよう 6

名前

文を読んで、ぴったりの漢字を入れよう。

① 次の指示があるまで、教室で待ちましょう。

② この道路は、自動車は通行禁止です。

③ 庭に生えた雑草の、草取りをする。

④ このみかんは酸味が強く、とてもすっぱい。

⑤ 好きなチームが、首位を独走している。

⑥ 今日の運動会は、雲一つ無い快晴です。

⑦ 人は、本から知識を得ることができる。

⑧ 料理をする前に、手を清潔にする。

ヒント　快　独　酸　禁　雑　潔　識　示

東書5年④

38

月　日

漢字の成り立ち②／いにしえの言葉に親しもう①

漢字を入れよう 7

名前

文を読んで、ぴったりの漢字を入れよう。

① 父と、手の大きさを比べてみました。

② 七夕の夜、美しい銀河が見えた。

③ ご飯を食べるのもわすれて、勉強に精を出す。

④ 図工の時間に、ちょうこく刀で版画をほる。

⑤ 広場に、大勢の人が集まっている。

⑥ 毛糸で手織りのマフラーを作った。

⑦ 二〇〇一年は、二十一世紀の始まりです。

⑧ 人の命は、永遠には続かない。

ヒント　版　精　比　織　紀　勢　永　河

東書5年④

39

月　日

いにしえの言葉に親しもう②～漢字を使おう 3①

漢字を入れよう 8

名前

文を読んで、ぴったりの漢字を入れよう。

① 最後まで、自分の意志をつらぬく。

② 兄は、世界の歴史を勉強している。

③ ぼくは、日本のれき史に興味がある。

④ プレゼントをもらって、大喜びする。

⑤ Aの意見には反対だが、Bには賛成だ。

⑥ あの人は、有名な植木職人です。

⑦ 先生から、係の仕事を任せられた。

⑧ 奈良の東大寺は、大仏が有名です。

ヒント　喜　史　職　仏　賛　歴　任　志

東書5年④

40

月　日

漢字を使おう 3②／思考に関わる言葉①

漢字を入れよう 9

名前

文を読んで、ぴったりの漢字を入れよう。

① たん生日に、友達を家に招待する。

② コンクールで一位になり、しょう状をもらう。

③ 見つからないように、息を殺してかくれる。

④ 父親に、反こう的な態度をとる。

⑤ もし仮に、水が無くなったらどうしよう。

⑥ やるかやらないかを、自分で決断する。

⑦ ボクシングの試合で、判定勝ちする。

⑧ 兄の望遠鏡で、天体観測をする。

ヒント　断　招　測　殺　状　判　態　仮

東書5年④

41

41

思考に関わる言葉②／新聞記事を読み比べよう

月　日

漢字を入れよう　10

名前

東書5年④

文を読んで、ぴったりの漢字を入れよう。

①外国と［条］約を結んで、実行する。

②今日は、平［常］通りの時間わりです。

③テストの平［均］点は、八十点でした。

④けい察が、事［件］のことを調べている。

⑤信号の前で、自動車の事［故］があった。

⑥国会では、日本の［政］治について話し合われる。

⑦姉が、毛糸でマフラーを［編］んでいる。

⑧新聞の朝［刊］の配達の音で、目が覚めた。

ヒント　均　件　常　故　政　編　条　刊

50

42

42
月 日
未知へ／心の動きを短歌で表そう
かくれたパーツをさがせ 15
名前

かくれたパーツをさがして、完成させよう。

① 象 ショウ
気象台《きしょうだい》の仕事《しごと》。

② 基 キ
基本《きほん》を学《まな》ぶ。

③ 修 シュウ
機械《きかい》を修理《しゅうり》する。

④ 適 テキ
適切《てきせつ》な使《つか》い方《かた》。

⑤ 序 ジョ
順序《じゅんじょ》よく書《か》く。

東書5年①

43

43
月 日
問題をかい決するために話し合おう／漢字を使おう 4①
かくれたパーツをさがせ 16
名前

かくれたパーツをさがして、完成させよう。

① 解 カイ
話《はなし》を理解《りかい》する。

② 減 へ(る)
体重《たいじゅう》が減《へ》る。

③ 格 カク
試験《しけん》に合格《ごうかく》する。

④ 額 ガク
半額《はんがく》の大安売《おおやすう》り。

⑤ 貸 か(す)
弟《おとうと》に服《ふく》を貸《か》す。

⑥ 貧 まず(しい)
貧《まず》しい食事《しょくじ》。

東書5年①

44

44
月 日
漢字を使おう 4②
かくれたパーツをさがせ 17
名前

かくれたパーツをさがして、完成させよう。

① 準 ジュン
準決勝《じゅんけっしょう》に進《すす》む。

② 墓 はか
お墓参《はかまい》りに行《い》く。

③ 祖 ソ
祖母《そぼ》は元気《げんき》です。

④ 迷 まよ(う)
道《みち》に迷《まよ》う。

⑤ 述 の(べる)
意見《いけん》を述《の》べる。

東書5年①

45

45
月 日
注文の多い料理店①
かくれたパーツをさがせ 18
名前

かくれたパーツをさがして、完成させよう。

① 損 ソン
大損害《だいそんがい》を受《う》ける。

② 造 ゾウ
機械《きかい》を改造《かいぞう》する。

③ 寄 よ(る)
問題《もんだい》を持《も》ち寄《よ》る。

④ 非 ヒ
非科学的《ひかがくてき》な考《かんが》え。

⑤ 防 ボウ
消防車《しょうぼうしゃ》が走《はし》る。

東書5年①

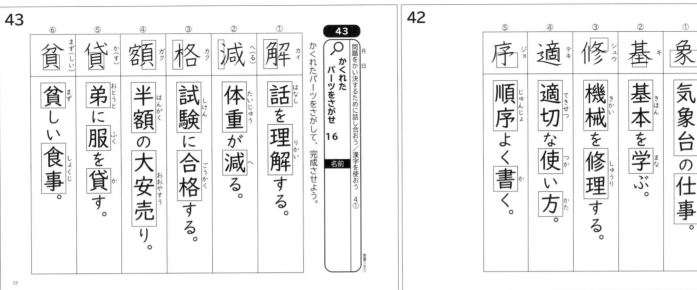

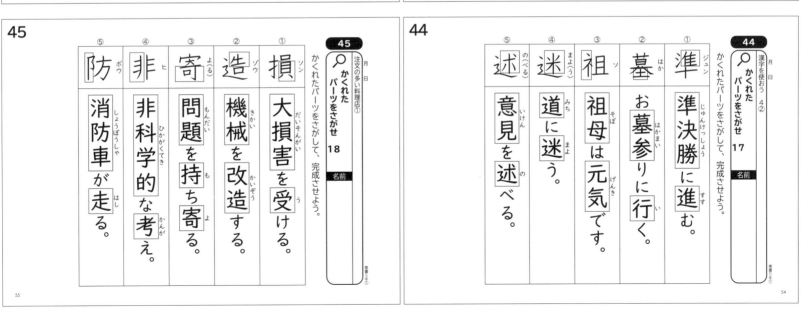

2学期の答え 46〜49

46

46 月 日
注文の多い料理店② ／ 漢字を使おう ５①
かくれたパーツをさがせ 19
名前
東書5年①

かくれたパーツをさがして、完成させよう。

① 毒 ドク
薬《くすり》で消毒《しょうどく》する。

② 責 せ(める)
失敗《しっぱい》を責《せ》める。

③ 破 やぶ(る)
約束《やくそく》を破《やぶ》る。

④ 枝 えだ
木《き》の枝《えだ》を切《き》る。

⑤ 師 シ
小学校《しょうがっこう》の教師《きょうし》。

⑥ 圧 アツ
血圧《けつあつ》が高《たか》い。

56

47

47 月 日
漢字を使おう ５② ／ どうやって文をつなげればいいの？
かくれたパーツをさがせ 20
名前
東書5年①

かくれたパーツをさがして、完成させよう。

① 営 エイ
本日《ほんじつ》営業中《えいぎょうちゅう》。

② 価 カ
定価《ていか》より安《やす》い。

③ 制 セイ
制服《せいふく》を着《き》る。

④ 肥 ヒ
植物《しょくぶつ》の肥料《ひりょう》。

⑤ 旧 キュウ
旧式《きゅうしき》の自動車《じどうしゃ》。

⑥ 逆 ギャク
試合《しあい》で逆転《ぎゃくてん》勝《が》ち。

57

48

48 月 日
和の文化を受けつぐ─和菓子をさぐる①
かくれたパーツをさがせ 21
名前
東書5年①

かくれたパーツをさがして、完成させよう。

① 統 トウ
伝統《でんとう》工業《こうぎょう》を学《まな》ぶ。

② 粉 こ
小麦粉《こむぎこ》で作《つく》る。

③ 輸 ユ
機械《きかい》を輸出《ゆしゅつ》する。

④ 技 ギ
特技《とくぎ》を発表《はっぴょう》する。

⑤ 術 ジュツ
目《め》の手術《しゅじゅつ》をする。

⑥ 支 ささ(える)
両手《りょうて》で支《ささ》える。

58

49

49 月 日
和の文化を受けつぐ② ／ 和の文化を発信しよう ／ 熟語の構成と意味①
かくれたパーツをさがせ 22
名前
東書5年①

かくれたパーツをさがして、完成させよう。

① 型 かた
血《けつ》えき型《がた》

② 再 サイ
再放送《さいほうそう》を見《み》る。

③ 限 ゲン
体力《たいりょく》の限界《げんかい》。

④ 効 コウ
効果的《こうかてき》な方法《ほうほう》。

⑤ 保 たも(つ)
温度《おんど》を保《たも》つ。

⑥ 護 ゴ
養護《ようご》の先生《せんせい》。

59

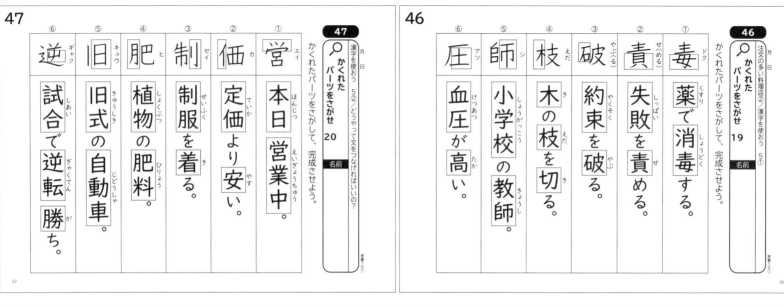

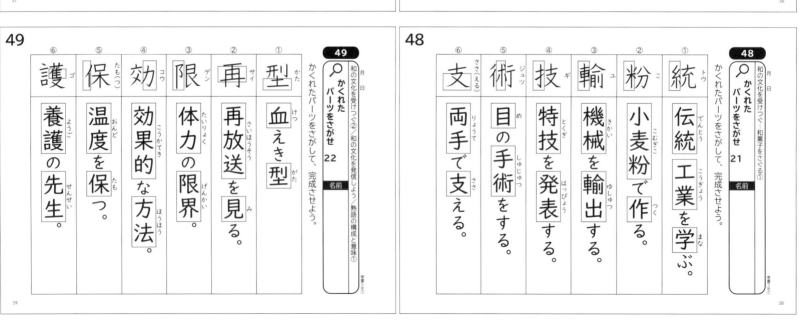

2学期の答え 50〜53

50

50 月 日

熟語の構成と意味②

かくれたパーツをさがせ 23

名前

かくれたパーツをさがして、完成させよう。

① 妻《つま》 — 妻《つま》の大切《たいせつ》なもの。
② 往《オウ》 — 車《くるま》が往来《おうらい》する。
③ 復《フク》 — 勉強《べんきょう》の復習《ふくしゅう》。
④ 耕《たがや(す)》 — 畑《はたけ》を耕《たがや》す。
⑤ 講《コウ》 — 講習《こうしゅう》を受《う》ける。
⑥ 罪《ザイ》 — 無罪《むざい》を勝《か》ち取《と》る。

東書5年①

51

51 月 日

熟語の構成と意味③〜和語・漢語・外来語①

かくれたパーツをさがせ 24

名前

かくれたパーツをさがして、完成させよう。

① 燃《ネン》 — 漁船《ぎょせん》の燃料《ねんりょう》。
② 提《テイ》 — 宿題《しゅくだい》を提出《ていしゅつ》する。
③ 賞《ショウ》 — 野球《やきゅう》大会で入賞《にゅうしょう》。
④ 桜《さくら》 — 桜《さくら》が満開《まんかい》になる。
⑤ 銅《ドウ》 — 銅貨《どうか》を集《あつ》める。
⑥ 貿《ボウ》 — 外国《がいこく》との貿易《ぼうえき》。

東書5年①

52

52 月 日

和語・漢語・外来語②／大造じいさんとがん①

かくれたパーツをさがせ 25

名前

かくれたパーツをさがして、完成させよう。

① 易《イ》 — 安易《あんい》な考《かんが》え。
② 規《キ》 — 三角《さんかく》定規《じょうぎ》
③ 則《ソク》 — 反則《はんそく》負《ま》け。
④ 率《ひき(いる)》 — 学生《がくせい》を率《ひき》いる。
⑤ 領《リョウ》 — 一族《いちぞく》の頭領《とうりょう》。
⑥ 張《チョウ》 — 意見《いけん》を主張《しゅちょう》する。

東書5年①

53

53 月 日

大造じいさんとがん②／漢字を使おう6①

かくれたパーツをさがせ 26

名前

かくれたパーツをさがして、完成させよう。

① 導《ドウ》 — 学生《がくせい》を指導《しどう》する。
② 略《リャク》 — 説明《せつめい》を省略《しょうりゃく》する。
③ 飼《か(う)》 — 小鳥《ことり》を飼《か》う。
④ 弁《ベン》 — お弁当《べんとう》を食《た》べる。
⑤ 堂《ドウ》 — 食堂《しょくどう》に集《あつ》まる。
⑥ 婦《フ》 — 婦人服《ふじんふく》売《う》り場《ば》

東書5年①

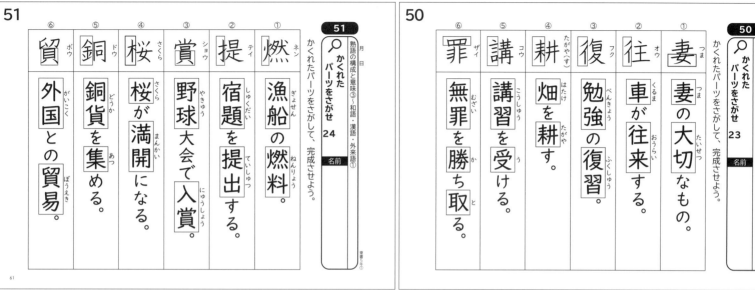

2学期の答え 54〜57

54

漢字を使おう 6②／漢字を使おう 7

月　日

かくれたパーツをさがせ 27

名前

かくれたパーツをさがして、完成させよう。

① 綿《わた》　綿毛《わたげ》が飛《と》ぶ。

② 留《リュウ》　外国《がいこく》に留学《りゅうがく》する。

③ 犯《ハン》　本当《ほんとう》の犯人《はんにん》。

④ 液《エキ》　血液《けつえき》を調《しら》べる。

⑤ 程《テイ》　程度《ていど》を調《しら》べる。

⑥ 武《ブ》　武士《ぶし》が刀《かたな》を差《さ》す。

東書5年①

55

未知へ／心の動きを短歌で表そう／問題をかい決するために話し合おう

月　日

漢字足し算 11

名前

漢字の足し算をしよう。

① ⺈＋罒＋豖＝象 → 印象

② 甘＋八＋土＝基 → 基地

③ 亻＋丨＋攵＋彡＝修 → 修正

④ 产＋古＋辶＝適 → 適当

⑤ 广＋マ＋丁＝序 → 順序

⑥ 角＋刀＋牛＝解 → 分解

⑦ 氵＋厂＋𠮛＋戈＝減 → 減点

＊答えの漢字でことばを作ろう。

東書5年②

56

漢字を使おう 4①

月　日

漢字足し算 12

名前

漢字の足し算をしよう。

① 木＋夂＋口＝格 → 体格

② 宀＋各＋丆＋貝＝額 → 半額

③ 亻＋弋＋貝＝貸 → 貸す

④ 八＋刀＋貝＝貧 → 貧ぼう

⑤ 氵＋隹＋十＝準 → 水準

⑥ 艹＋日＋大＋土＝墓 → 墓地

＊答えの漢字でことばを作ろう。

東書5年②

57

漢字を使おう 4②／注文の多い料理店①

月　日

漢字足し算 13

名前

漢字の足し算をしよう。

① 礻＋月＋一＝祖 → 祖先

② 米＋辶＝迷 → 迷い犬

③ 木＋丶＋辶＝述 → 記述

④ 扌＋口＋貝＝損 → 損失

⑤ 生＋口＋辶＝造 → 改造

⑥ 宀＋大＋可＝寄 → 寄付

＊答えの漢字でことばを作ろう。

東書5年②

58

月 日

注文の多い料理店②

漢字足し算 14

名前

漢字の足し算をしよう。

① 扌＋ᅡ＝非 → 非公式
② 阝＋亠＋ク＝防 → 予防
③ 龶＋毋＋一＝毒 → 毒物
④ 龶＋貝＝責 → 責任
⑤ 石＋厂＋攴＝破 → 破産
⑥ 木＋十＋又＝枝 → 枝道
⑦ 𠂤＋一＋巾＝師 → 漁師

＊答えの漢字でことばを作ろう。

東書5年②

59

月 日

漢字を使おう 5／どうやって文をつなげればいいの？

漢字足し算 15

名前

漢字の足し算をしよう。

① 厂＋土＝圧 → 血圧
② ⺍＋冖＋呂＝営 → 運営
③ 亻＋西＝価 → 定価
④ 𠂉＋巾＋刂＝制 → 体制
⑤ 月＋巴＝肥 → 肥満
⑥ 丨＋日＝旧 → 旧式
⑦ 䒑＋屮＋辶＝逆 → 逆風

＊答えの漢字でことばを作ろう。

東書5年②

60

月 日

和の文化を受けつぐ―和菓子をさぐる①

漢字足し算 16

名前

漢字の足し算をしよう。

① 糸＋𠫓＋儿＝統 → 統計
② 米＋八＋刀＝粉 → 花粉
③ 車＋𠆢＋一＋刖＝輸 → 輸出
④ 扌＋十＋又＝技 → 競技
⑤ 彳＋朮＋亍＝術 → 芸術
⑥ 十＋又＝支 → 支店
⑦ 开＋刂＋土＝型 → 原型

＊答えの漢字でことばを作ろう。

東書5年②

61

月 日

和の文化を受けつぐ②／和の文化を発信しよう／熟語の構成と意味①

漢字足し算 17

名前

漢字の足し算をしよう。

① 一＋冂＋土＝再 → 再会
② 阝＋𠃛＋く＝限 → 限界
③ 亠＋乂＋力＝効 → 効果
④ 亻＋口＋木＝保 → 保健
⑤ 言＋艹＋隹＋又＝護 → 養護
⑥ 一＋⺻＋女＝妻 → 夫妻
⑦ 彳＋丶＋王＝往 → 往路

＊答えの漢字でことばを作ろう。

東書5年②

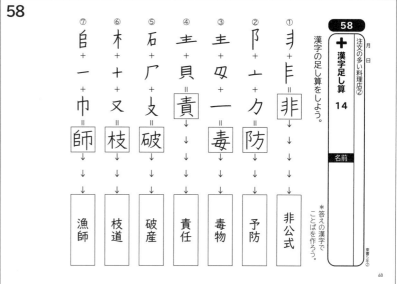

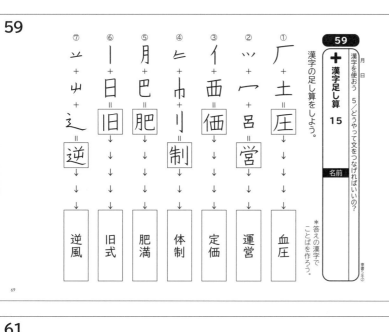

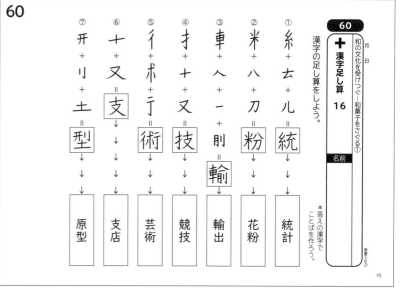

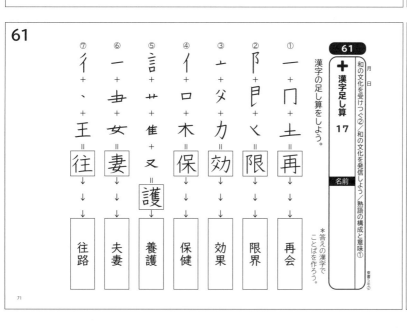

62

62 漢字足し算 18

熟語の構成と意味②／てい案します、一週間チャレンジ

月 日

名前

漢字の足し算をしよう。

＊答えの漢字でことばを作ろう。

① 彳＋𠂉＋日＋夂＝復 → 回復

② 耒＋井＝耕 → 耕地

③ 言＋井＋冉＝講 → 講師

④ 罒＋彐＋⺊＝罪 → 有罪

⑤ 火＋夕＋犬＋灬＝燃 → 燃料

⑥ 扌＋日＋疋＝提 → 提案

⑦ ⺌＋口＋貝＝賞 → 賞品

63

63 漢字足し算 19

和語・漢語・外来語

月 日

名前

漢字の足し算をしよう。

＊答えの漢字でことばを作ろう。

① 木＋⺍＋女＝桜 → 夜桜

② 金＋冂＋𠮛＝銅 → 銅像

③ 𠂎＋刀＋貝＝貿 → 貿易

④ 日＋勿＝易 → 交易

⑤ 夫＋目＋儿＝規 → 規定

⑥ 目＋八＋刂＝則 → 原則

64

64 漢字足し算 20

大造じいさんとがん

月 日

名前

漢字の足し算をしよう。

＊答えの漢字でことばを作ろう。

① 亠＋幺＋⺀＋十＝率 → 勝率

② 𠆢＋丶＋マ＋頁＝領 → 領土

③ 弓＋巨＋レ＝張 → 主張

④ 首＋辶＋寸＝導 → 指導

⑤ 田＋夂＋口＝略 → 略図

⑥ 𩙿＋𠃌＋一＋口＝飼 → 飼育

⑦ ム＋廾＝弁 → 駅弁

⑧ ⺌＋口＋土＝堂 → 公会堂

65

65 漢字足し算 21

漢字を使おう 6／漢字を使おう 7

月 日

名前

漢字の足し算をしよう。

＊答えの漢字でことばを作ろう。

① 女＋ヨ＋冖＋巾＝婦 → 主婦

② 糸＋白＋巾＝綿 → 綿花

③ 𠂎＋刀＋田＝留 → 留守

④ 犭＋㇇＋乚＝犯 → 防犯

⑤ 氵＋亠＋亻＋夂＝液 → 液体

⑥ 禾＋口＋王＝程 → 日程

⑦ 二＋止＋㇂＝武 → 武器

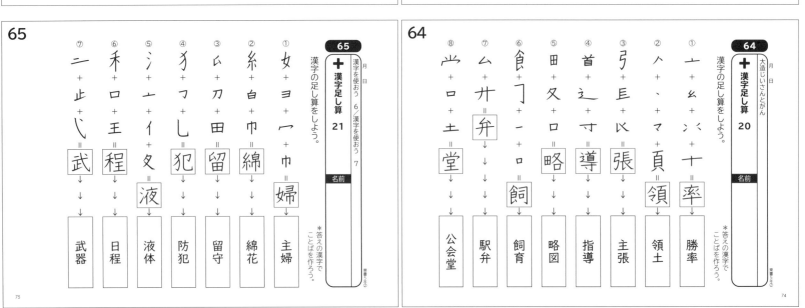

2学期の答え 66～69

66

66 月 日 未知へ～漢字を使おう 4①

足りないのはどこ（形をよく見て） 8

名前

足りないところを見つけて、正しく書こう。

① 印《いん》象《しょう》 → 印象
② 基《き》地《ち》 → 基地
③ 修《しゅう》王《せい》 → 修正
④ 適《てき》当《とう》 → 適当
⑤ 順《じゅん》庁《じょ》 → 順序
⑥ 分《ぶん》解《かい》 → 分解
⑦ 減《げん》点《てん》 → 減点
⑧ 休《たい》格《かく》 → 体格
⑨ 半《はん》額《がく》 → 半額
⑩ 貸《か》す → 貸す
⑪ 貧《びん》ぼう → 貧ぼう
⑫ 水《すい》準《じゅん》 → 水準

東書5年③

67

67 月 日 漢字を使おう 4②／注文の多い料理店①

足りないのはどこ（形をよく見て） 9

名前

足りないところを見つけて、正しく書こう。

① 墓《ぼ》地《ち》 → 墓地
② 祖《そ》先《せん》 → 祖先
③ 迷《まよ》い大《いぬ》 → 迷い犬
④ 記《き》述《じゅつ》 → 記述
⑤ 損《そん》矢《しつ》 → 損失
⑥ 改《かい》造《ぞう》 → 改造
⑦ 寄《き》付《ふ》 → 寄付
⑧ 非《ひ》公《こう》式《しき》 → 非公式
⑨ 了《よ》防《ぼう》 → 予防
⑩ 毒《どく》物《ぶつ》 → 毒物
⑪ 責《せき》任《にん》 → 責任

東書5年③

68

68 月 日 注文の多い料理店②～どうやって文をつなげればいいの？

足りないのはどこ（形をよく見て） 10

名前

足りないところを見つけて、正しく書こう。

① 破《は》産《さん》 → 破産
② 技《えだ》道《みち》 → 枝道
③ 漁《りょう》師《し》 → 漁師
④ 白《けつ》庁《あつ》 → 血圧
⑤ 運《うん》営《えい》 → 運営
⑥ 定《てい》価《か》 → 定価
⑦ 休《たい》制《せい》 → 体制
⑧ 肥《ひ》満《まん》 → 肥満
⑨ 旧《きゅう》式《しき》 → 旧式
⑩ 逆《ぎゃく》風《ふう》 → 逆風

東書5年③

69

69 月 日 和の文化を受けつぐ／和の文化を発信しよう／熟語の構成と意味①

足りないのはどこ（形をよく見て） 11

名前

足りないところを見つけて、正しく書こう。

① 統《とう》計《けい》 → 統計
② 花《か》粉《ふん》 → 花粉
③ 輸《ゆ》出《しゅつ》 → 輸出
④ 技《ぎ》術《じゅつ》 → 技術
⑤ 支《し》店《てん》 → 支店
⑥ 原《げん》型《けい》 → 原型
⑦ 再《さい》会《かい》 → 再会
⑧ 限《げん》界《かい》 → 限界
⑨ 効《こう》果《か》 → 効果
⑩ 休《ほ》護《ご》 → 保護
⑪ 大《ふ》妻《さい》 → 夫妻
⑫ 往《おう》復《ふく》 → 往復

東書5年③

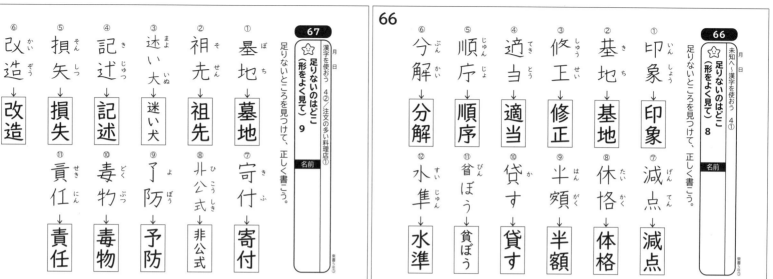

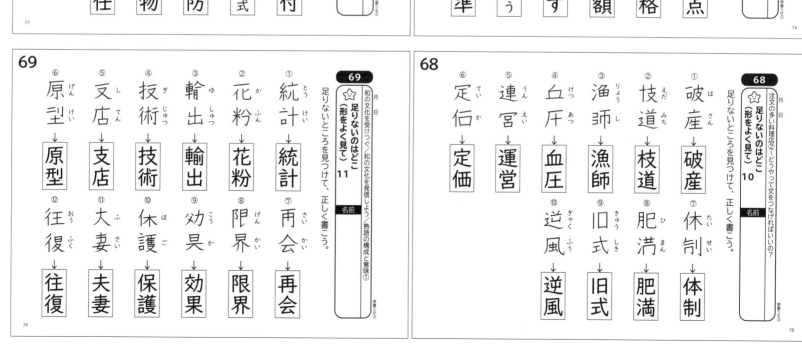

70

熟語の構成と意味②〜大造じいさんとがん①　月　日

足りないのはどこ（形をよく見て） 12

名前

足りないところを見つけて、正しく書こう。

① 耕地《こうち》 → **耕地**

② 講師《こうし》 → **講師**

③ 有罪《ゆうざい》 → **有罪**

④ 燃料《ねんりょう》 → **燃料**

⑤ 提案《ていあん》 → **提案**

⑥ 夜桜《よざくら》 → **夜桜**

⑦ 銅賞《どうしょう》 → **銅賞**

⑧ 貿易《ぼうえき》 → **貿易**

⑨ 規則《きそく》 → **規則**

⑩ 勝率《しょうりつ》 → **勝率**

⑪ 領土《りょうど》 → **領土**

⑫ 主張《しゅちょう》 → **主張**

東書5年③

71

大造じいさんとがん②／漢字を使おう6／漢字を使おう7　月　日

足りないのはどこ（形をよく見て） 13

名前

足りないところを見つけて、正しく書こう。

① 指導《しどう》 → **指導**

② 略図《りゃくず》 → **略図**

③ 飼育《しいく》 → **飼育**

④ 駅弁《えきべん》 → **駅弁**

⑤ 公会堂《こうかいどう》 → **公会堂**

⑥ 主婦《しゅふ》 → **主婦**

⑦ 綿花《めんか》 → **綿花**

⑧ 留守《るす》 → **留守**

⑨ 防犯《ぼうはん》 → **防犯**

⑩ 液体《えきたい》 → **液体**

⑪ 日程《にってい》 → **日程**

⑫ 武器《ぶき》 → **武器**

東書5年③

72

未知へ／心の動きを短歌で表そう／問題をかい決するために話し合おう　月　日

漢字を入れよう 11

名前

文を読んで、ぴったりの漢字を入れよう。

① 動物園で、大きな耳のアフリカ**象**を見た。

② 母から、料理の**基**本を教わった。

③ こわれた自転車を、自分で**修**理する。

④ 秋は、運動やスポーツに**適**した季節だ。

⑤ 低学年から、順**序**よくならんでください。

⑥ 時計を分**解**したが、組み立てられない。

⑦ 病気をしたので、体重が**減**ってしまった。

ヒント　基　序　適　象　修　解　減

東書5年④

73

漢字を使おう4①　月　日

漢字を入れよう 12

名前

文を読んで、ぴったりの漢字を入れよう。

① 姉が、高校の入学試験に合**格**した。

② 計算機で、合計の金**額**を計算する。

③ 消しゴムをわすれた人に、**貸**してあげる。

④ お金がなく、**貧**しい生活が続く。

⑤ 大会の**準**決勝に勝ち、決勝に進む。

⑥ おひがんに、先祖の**墓**参りをする。

ヒント　準　額　貧　貸　墓　格

東書5年④

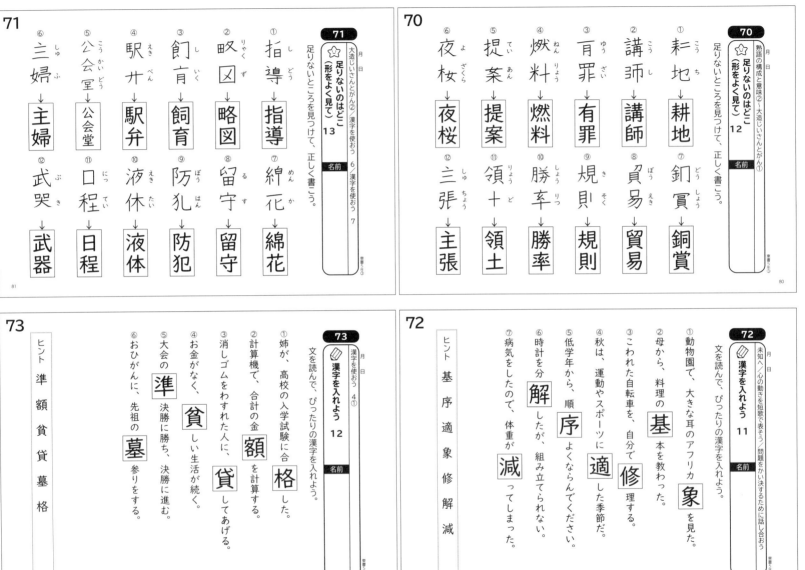

74

月 日

漢字を使おう 4②／注文の多い料理店①

漢字を入れよう 13

名前

文を読んで、ぴったりの漢字を入れよう。

① 七十才の祖母は、いたって元気だ。
② 暗い森の中で、道に迷ってしまった。
③ 文の、主語と述語の関係を考える。
④ 台風で、りんご農家が損害を受ける。
⑤ この寺は、日本一古い木造の建物です。
⑥ 学校の帰りに、寄り道をしてはいけません。

ヒント 造 祖 迷 寄 損 述

東書5年④

84

75

月 日

注文の多い料理店②

漢字を入れよう 14

名前

文を読んで、ぴったりの漢字を入れよう。

① 火事のときは、非常口からにげましょう。
② マスクで、インフルエンザの流行を防ぐ。
③ 森の中で、毒きのこを見つける。
④ 人の失敗を、責めてはいけません。
⑤ 約束を破って、友達の信用を失う。
⑥ 太い道から、細い道が枝分かれしている。
⑦ おばは、中学校の教師をしています。

ヒント 責 師 枝 防 破 非 毒

東書5年④

85

76

月 日

漢字を使おう 5／どうやって文をつなげればいいの？

漢字を入れよう 15

名前

文を読んで、ぴったりの漢字を入れよう。

① 深海では、水圧がとても高い。
② このお店は、元日から営業している。
③ この服は大特価で、千円です。
④ 学校に行くときは、制服を着ていく。
⑤ 大きく成長するように、畑に肥料をやる。
⑥ 昔からある、細い旧道を歩いた。
⑦ 最終回に、ホームランで逆転する。

ヒント 旧 価 肥 圧 逆 営 制

東書5年④

86

77

月 日

和の文化を受けつぐ―和菓子をさぐる①

漢字を入れよう 16

名前

文を読んで、ぴったりの漢字を入れよう。

① この町の伝統工業は、和紙作りです。
② 小麦粉をこねて、パンを作った。
③ 日本は、外国から多くの品物を輸入している。
④ 町の球技大会に、出場しました。
⑤ 大きなけがだったので、病院で手術をした。
⑥ 手すりにつかまって、体を支える。
⑦ あなたの血えき型は、何ですか。

ヒント 輸 統 術 技 型 粉 支

東書5年④

87

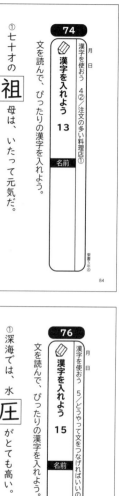

78

78 月 日 和の文化を受けつぐ②／和の文化を発信しよう／熟語の構成と意味①

漢字を入れよう 17

名前

文を読んで、ぴったりの漢字を入れよう。

① 転校していった友達に、再会する。
② この食品のしょう味期限は、今日までです。
③ 薬を飲んだが、少しも効き目がない。
④ けがをしたので、保健室で手当てをする。
⑤ ほ健室には、養護の先生がいてくれる。
⑥ 父親ががんばって、妻と子どもを守る。
⑦ 自転車で、家と公園を往復した。

ヒント 護 限 再 往 効 妻 保

東書5年④

88

79

79 月 日 熟語の構成と意味②／てい案します、一週間チャレンジ

漢字を入れよう 18

名前

文を読んで、ぴったりの漢字を入れよう。

① 今日習った勉強を、家で復習する。
② くわで畑を耕して、球根を植えた。
③ 夏休みに、じゅくの夏期講習を受ける。
④ けいむ所で、これまでおかした罪をつぐなう。
⑤ かまどの中で、メラメラと火が燃えている。
⑥ 算数の宿題を、先生に提出する。
⑦ 感想文コンクールで入賞する。

ヒント 賞 提 耕 燃 復 罪 講

東書5年④

89

80

80 月 日 和語・漢語・外来語

漢字を入れよう 19

名前

文を読んで、ぴったりの漢字を入れよう。

① 春、入学式には桜の花がさいていた。
② おしくも三位で、銅メダルをもらった。
③ 日本は、世界の国々と貿易をしている。
④ 今日のテストは、いつもより易しかった。
⑤ 算数で、三角定規を使って線を引く。
⑥ サッカーでは、ボールを手でさわると反則だ。

ヒント 規 則 易 銅 桜 貿

東書5年④

90

81

81 月 日 大造じいさんとがん

漢字を入れよう 20

名前

文を読んで、ぴったりの漢字を入れよう。

① ヒットを二本打ったので、打率が上がった。
② 他の国と、領土の問題を話し合う。
③ つな引きで、力を合わせてつなを引っ張る。
④ 白バイが、マラソンランナーを先導して走る。
⑤ 細かい所を省略して、大まかに書く。
⑥ ぼくの家では、犬とねこを飼っている。
⑦ 遠足に行って、公園でお弁当を食べた。
⑧ 食堂で、カレーライスを注文する。

ヒント 張 略 率 導 領 堂 弁 飼

東書5年④

91

82

82

月　日

漢字を使おう 6／漢字を使おう 7

漢字を入れよう 21

名前

文を読んで、ぴったりの漢字を入れよう。

① **婦**人服売り場で、母のスカートを買った。

② お祭りで、ふわふわの**綿**あめを買いました。

③ 路線バスの停**留**所で、バスを待つ。

④ 名たんていが、真**犯**人をつきとめた。

⑤ わたしの血**液**型は、A型です。

⑥ レントゲンで、けがの**程**度を調べてもらう。

⑦ 戦国時代の**武**士の、伝記を読む。

ヒント　犯　綿　武　程　液　留　婦

東書5年④

92

83

月　日

いにしえの人のえがく世界／「弱いロボット」だからできること①

かくれたパーツをさがせ 28

名前

かくれたパーツをさがして、完成させよう。

① 似《に(る)》　母親《ははおや》に似《に》る。

② 製《セイ》　母《はは》の特製《とくせい》の料理《りょうり》。

③ 能《ノウ》　音楽《おんがく》の才能《さいのう》。

④ 証《ショウ》　無実《むじつ》を証明《しょうめい》する。

⑤ 豊《ホウ》　米《こめ》が豊作《ほうさく》だ。

東書5年①

84

月　日

「弱いロボット」だからできること②／漢字を使おう8①

かくれたパーツをさがせ 29

名前

かくれたパーツをさがして、完成させよう。

① 囲《かこ(む)》　家《いえ》を取《と》り囲《かこ》む。

② 団《ダン》　集団《しゅうだん》で下校《げこう》する。

③ 経《ケイ》　経験《けいけん》から考《かんが》える。

④ 幹《カン》　新幹線《しんかんせん》に乗《の》る。

⑤ 慣《な(れる)》　慣《な》れた手《て》つき。

東書5年①

85

月　日

漢字を使おう8②／資料を見て考えたことを話そう

かくれたパーツをさがせ 30

名前

かくれたパーツをさがして、完成させよう。

① 検《ケン》　機械《きかい》の点検《てんけん》。

② 築《チク》　学校《がっこう》を建築《けんちく》する。

③ 鉱《コウ》　鉱山《こうざん》で鉄《てつ》をほる。

④ 脈《ミャク》　脈《みゃく》はくが速《はや》い。

⑤ 航《コウ》　船《ふね》で航海《こうかい》する。

⑥ 費《ヒ》　消費者《しょうひしゃ》が買《か》う。

東書5年①

86

月　日

漢字を使おう9①

かくれたパーツをさがせ 31

名前

かくれたパーツをさがして、完成させよう。

① 績《セキ》　算数《さんすう》の成績《せいせき》。

② 設《セツ》　建物《たてもの》を設計《せっけい》する。

③ 居《キョ》　京都《きょうと》へ転居《てんきょ》する。

④ 厚《あつ(い)》　厚《あつ》い本《ほん》を読《よ》む。

⑤ 暴《ボウ》　暴力《ぼうりょく》に反対《はんたい》する。

東書5年①

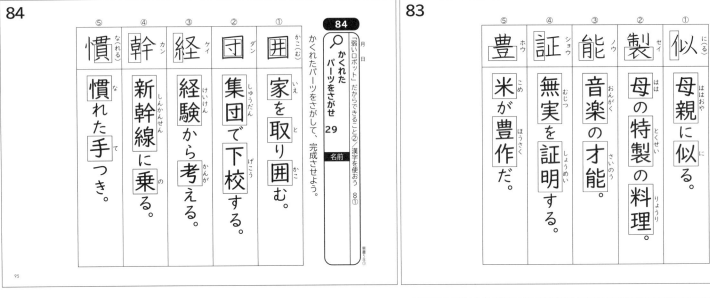

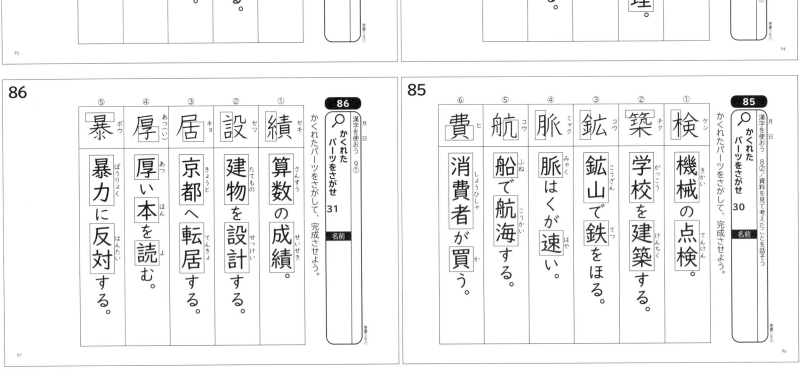

3学期の答え 87〜90

87

月　日

かくれたパーツをさがせ 32

名前

かくれたパーツをさがして、完成させよう。

① 許《キョ》
特許《とっきょ》を取《と》る発明《はつめい》。

② 可《カ》
法案《ほうあん》を可決《かけつ》する。

③ 謝《シャ》
感謝《かんしゃ》の気持《きも》ち。

④ 採《サイ》
こん虫《ちゅう》採集《さいしゅう》

⑤ 評《ヒョウ》
大好評《だいこうひょう》の本《ほん》。

⑥ 授《ジュ》
授業《じゅぎょう》が始《はじ》まる。

東書5年①

98

88

月　日

かくれたパーツをさがせ 33

名前

かくれたパーツをさがして、完成させよう。

① 備《そな(える)》
台風《たいふう》に備《そな》える。

② 舎《シャ》
校舎《こうしゃ》を建《た》てる。

③ 演《エン》
感動的《かんどうてき》な演説《えんぜつ》。

④ 税《ゼイ》
代金《だいきん》の消費税《しょうひぜい》。

⑤ 余《あま(る)》
百人《ひゃくにん》余《あま》りの人《ひと》。

⑥ 素《ソ》
素材《そざい》を選《えら》ぶ。

東書5年①

99

89

月　日

かくれたパーツをさがせ 34

名前

かくれたパーツをさがして、完成させよう。

① 財《ザイ》
大切《たいせつ》な財産《ざいさん》。

② 貯《チョ》
お年玉《としだま》を貯金《ちょきん》。

③ 布《フ》
茶色《ちゃいろ》の毛布《もうふ》。

④ 告《コク》
新聞《しんぶん》広告《こうこく》を見《み》る。

⑤ 務《ム》
管理《かんり》事務所《じむしょ》

東書5年①

100

90

月　日

＋ 漢字足し算 22

名前

漢字の足し算をしよう。

＊答えの漢字でことばを作ろう。

① 亻＋レ＋人＝似 → 似顔絵

② 𠕁＋刂＋衣＝製 → 製品

③ ム＋月＋ヒ＋ヒ＝能 → 能力

④ 言＋正＝証 → 証人

⑤ 曲＋一＋口＋䒑＝豊 → 豊富

⑥ 冂＋井＋一＝囲 → 周囲

⑦ 冂＋寸＋一＝団 → 団体

⑧ 糸＋又＋土＝経 → 経路

東書5年②

101

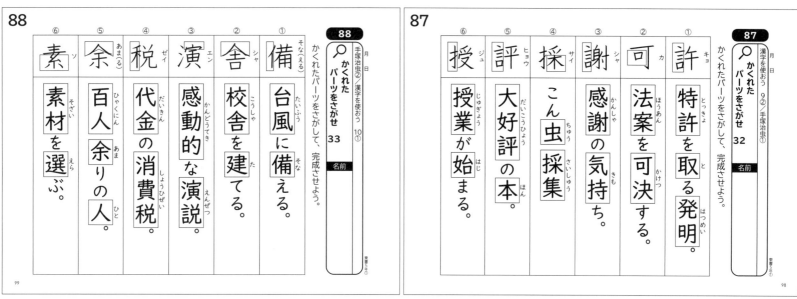

3学期の答え　91～94

91

漢字を使おう　8／資料を見て考えたことを話そう

月　日

漢字足し算　23

名前

漢字の足し算をしよう。

① 𠦝＋𠆢＋干＝幹 → 幹部
② 忄＋罒＋貝＝慣 → 習慣
③ 木＋𠆢＋夾＝検 → 検定
④ ⺮＋工＋凡＋木＝築 → 新築
⑤ 金＋广＋厶＝鉱 → 鉱山
⑥ 月＋𠂆＋𠂢＝脈 → 動脈
⑦ 舟＋亠＋几＝航 → 航海
⑧ 弓＋川＋貝＝費 → 消費

＊答えの漢字でことばを作ろう。

東書5年②

92

漢字を使おう　9

月　日

漢字足し算　24

名前

漢字の足し算をしよう。

① 糸＋主＋貝＝績 → 成績
② 言＋几＋又＝設 → 建設
③ 尸＋十＋口＝居 → 住居
④ 厂＋日＋子＝厚 → 厚紙
⑤ 日＋共＋八＋氺＝暴 → 暴力
⑥ 言＋𠂉＋十＝許 → 許容
⑦ 一＋口＋亅＝可 → 不可
⑧ 言＋身＋寸＝謝 → 感謝

＊答えの漢字でことばを作ろう。

東書5年②

93

手塚治虫

月　日

漢字足し算　25

名前

漢字の足し算をしよう。

① 扌＋爫＋木＝採 → 採決
② 言＋平＝評 → 評価
③ 扌＋爫＋冖＋又＝授 → 教授
④ 亻＋艹＋ノ＋用＝備 → 予備
⑤ 𠆢＋土＋口＝舎 → 宿舎
⑥ 氵＋宀＋由＋八＝演 → 演説

＊答えの漢字でことばを作ろう。

東書5年②

94

漢字を使おう　10／わたしの文章見本帳

月　日

漢字足し算　26

名前

漢字の足し算をしよう。

① 禾＋丷＋兄＝税 → 税金
② 𠆢＋二＋小＝余 → 余分
③ 龶＋幺＋小＝素 → 素材
④ 目＋八＋才＝財 → 文化財
⑤ 貝＋宀＋丁＝貯 → 貯水池
⑥ ナ＋巾＝布 → 分布
⑦ ノ＋土＋口＝告 → 予告
⑧ 矛＋攵＋力＝務 → 事務

＊答えの漢字でことばを作ろう。

東書5年②

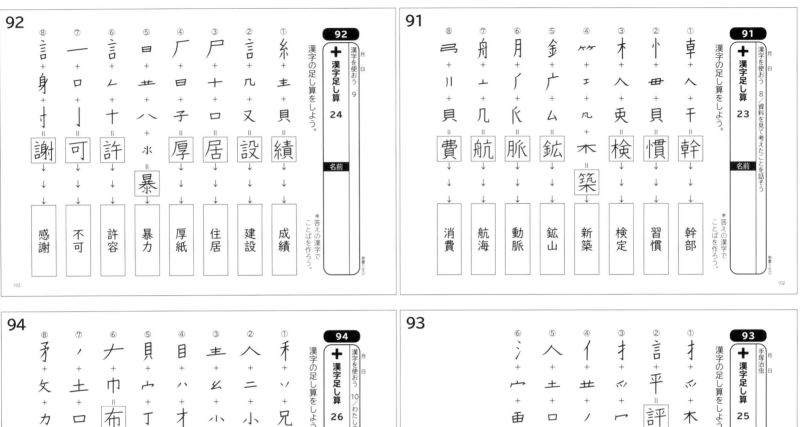

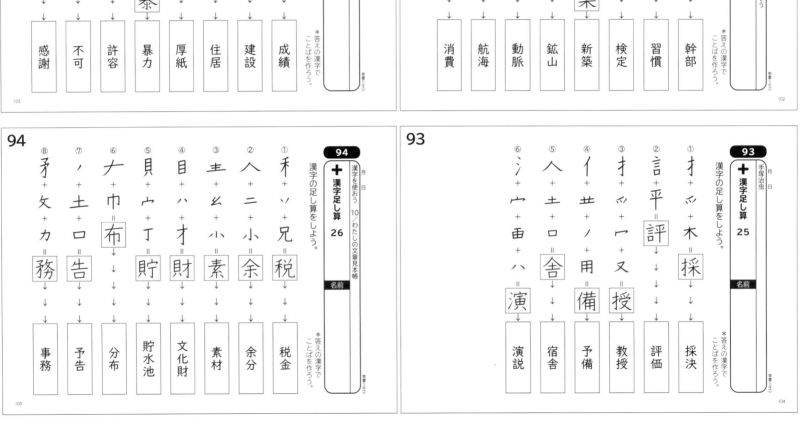

95

月　日

いにしえの人のえがく世界～漢字を使おう 8①

足りないのはどこ（形をよく見て） 14

名前

足りないところを見つけて、正しく書こう。

① 似《に》顔《がお》絵《え》 → 似顔絵
② 製《せい》品《ひん》 → 製品
③ 能《のう》刀《りょく》 → 能力
④ 証《しょう》ノ《にん》 → 証人
⑤ 豊《ほう》富《ふ》 → 豊富
⑥ 周《しゅう》囲《い》 → 周囲
⑦ 団《だん》休《たい》 → 団体
⑧ 経《けい》路《ろ》 → 経路
⑨ 幹《かん》部《ぶ》 → 幹部
⑩ 習《しゅう》慣《かん》 → 習慣
⑪ 検《けん》定《てい》 → 検定
⑫ 新《しん》築《ちく》 → 新築

東書5年③

96

月　日

漢字を使おう 8②～手塚治虫①

足りないのはどこ（形をよく見て） 15

名前

足りないところを見つけて、正しく書こう。

① 鉱《こう》脈《みゃく》 → 鉱脈
② 航《こう》海《かい》 → 航海
③ 消《しょう》費《ひ》 → 消費
④ 戊《せい》績《せき》 → 成績
⑤ 建《けん》設《せつ》 → 建設
⑥ 任《じゅう》居《きょ》 → 住居
⑦ 厚《あつ》紙《がみ》 → 厚紙
⑧ 暴《ぼう》刀《りょく》 → 暴力
⑨ 許《きょ》丁《か》 → 許可
⑩ 感《かん》謝《しゃ》 → 感謝
⑪ 採《さい》決《けつ》 → 採決
⑫ 評《ひょう》価《か》 → 評価

東書5年③

97

月　日

手塚治虫②／漢字を使おう 10／わたしの文章見本帳

足りないのはどこ（形をよく見て） 16

名前

足りないところを見つけて、正しく書こう。

① 教《きょう》授《じゅ》 → 教授
② 予《よ》備《び》 → 予備
③ 宿《しゅく》舎《しゃ》 → 宿舎
④ 演《えん》説《ぜつ》 → 演説
⑤ 税《ぜい》金《きん》 → 税金
⑥ 余《よ》分《ぶん》 → 余分
⑦ 素《そ》村《ざい》 → 素材
⑧ 文《ぶん》化《か》財《ざい》 → 文化財
⑨ 貯《ちょ》水《すい》池《ち》 → 貯水池
⑩ 分《ぶん》布《ぷ》 → 分布
⑪ 予《よ》告《こく》 → 予告
⑫ 事《じ》務《む》 → 事務

東書5年③

98

月　日

いにしえの人のえがく世界／「弱いロボット」だからできること

漢字を入れよう 22

名前

文を読んで、ぴったりの漢字を入れよう。

① ぼくと兄は、顔がよく［似］ている。
② 父が、特［製］のハンバーグを作ってくれた。
③ 兄はスポーツの才［能］があり、何でもできる。
④ この人の無実は、わたしが［証］明します。
⑤ 天候が良く、今年はお米が大［豊］作です。
⑥ 家族全員で、なべを［囲］んで食べた。
⑦ あぶなくないように、集［団］で下校する。
⑧ いろいろなことを［経］験すると、勉強になる。

ヒント　囲　製　経　豊　似　能　証　団

東書5年④

3学期の答え 99～102

99

月　日

漢字を使おう 8／資料を見て考えたことを話そう

漢字を入れよう 23

名前

文を読んで、ぴったりの漢字を入れよう。

①東海道新幹線に乗って、東京に行く。
②ひと月たち、新しい学校生活にも慣れてきた。
③機械がこわれていないか、点検をする。
④駅前で、新しいビルが建築中です。
⑤ここには昔、炭鉱があって石炭をほっていた。
⑥お医者さんが、手首の脈をはかる。
⑦太平洋を、大きな客船で航海する。
⑧この会の年会費は、三千円です。

ヒント　検　航　脈　費　慣　幹　築　鉱

東書5年④

110

100

月　日

漢字を使おう 9

漢字を入れよう 24

名前

文を読んで、ぴったりの漢字を入れよう。

①勉強したおかげで、算数の成績が上がった。
②エアコンの設定温度を高くする。
③大昔の、住居のあとが発見された。
④二百ページもある、分厚い本を読む。
⑤大きな音におどろいて、馬が暴れた。
⑥何回もあやまって、許してもらう。
⑦そんなことは、ぜったいに不可能だ。
⑧助けてくれた人に、感謝の気持ちを伝える。

ヒント　可　許　設　居　厚　謝　績　暴

東書5年④

111

101

月　日

手塚治虫

漢字を入れよう 25

名前

文を読んで、ぴったりの漢字を入れよう。

①家のうら山で、こん虫採集をした。
②母の料理はおいしいと、みんなに好評だ。
③チャイムが鳴って、授業が始まった。
④台風に備えて、きちんと戸じまりをする。
⑤学校の校舎が古くなったので、建てかえた。
⑥今日、ダンスの公演が行われる。

ヒント　採　備　評　演　舎　授

東書5年④

112

102

月　日

漢字を使おう 10／わたしの文章見本帳

漢字を入れよう 26

名前

文を読んで、ぴったりの漢字を入れよう。

①買い物をすると、代金に消費税がかかる。
②会場には、百人余りの人が集まった。
③ダイヤモンドは、炭素からできている。
④お金をかせいで、財産をたくわえる。
⑤もらったお年玉を、全部貯金する。
⑥寒いので、毛布にくるまって温まる。
⑦にわとりの鳴き声が、朝を告げる。
⑧気分が悪くなり、医務室で手当てを受ける。

ヒント　余　財　税　告　貯　務　素　布

東書5年④

113

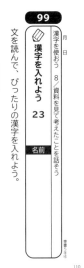

【監修者】
竹田　契一（たけだ　けいいち）
大阪医科薬科大学 LD センター顧問，大阪教育大学名誉教授

【著者】
村井　敏宏（むらい　としひろ）
青丹学園発達・教育支援センター フラーテル L.C.,
S.E.N.S（特別支援教育士）スーパーバイザー，言語聴覚士，
日本 LD 学会会員，日本 INREAL 研究会事務局

中尾　和人（なかお　かずひと）
小学校教諭，S.E.N.S（特別支援教育士），公認心理師，
精神保健福祉士，日本 LD 学会会員

【イラスト】　木村美穂
【表紙デザイン】　㈲ケイデザイン

通常の学級でやさしい学び支援
改訂　読み書きが苦手な子どもへの
＜漢字＞支援ワーク　東京書籍５年

2024年８月初版第１刷刊　監修者　竹　田　契　一
©著　者　村　井　敏　宏
中　尾　和　人
発行者　藤　原　光　政
発行所　明治図書出版株式会社
http://www.meijitosho.co.jp
（企画・校正）西野千春
〒114-0023　東京都北区滝野川7-46-1
振替00160-5-151318　電話03（5907）6640
ご注文窓口　電話03（5907）6668
＊検印省略　組版所　株　式　会　社　明　昌　堂

Printed in Japan　ISBN978-4-18-923522-4